新时代海上工程创新技术与实践丛书

编委会主任　邱大洪
编委会副主任　练继建

防波堤与护岸新型消浪护面块体研发关键技术及工程应用

戈龙仔　陈汉宝　高　峰　陈松贵
著

上海科学技术出版社

图书在版编目（CIP）数据

防波堤与护岸新型消浪护面块体研发关键技术及工程应用 / 戈龙仔等著． -- 上海 ：上海科学技术出版社，2021.1
（新时代海上工程创新技术与实践丛书）
ISBN 978-7-5478-4931-6

Ⅰ．①防… Ⅱ．①戈… Ⅲ．①防波堤－防波装置②护岸－防波装置 Ⅳ．①U656.2②U656.3

中国版本图书馆CIP数据核字(2020)第103220号

防波堤与护岸新型消浪护面块体研发关键技术及工程应用
戈龙仔 陈汉宝 高 峰 陈松贵 著

上海世纪出版(集团)有限公司 出版、发行
上海科学技术出版社
(上海钦州南路71号 邮政编码200235 www.sstp.cn)
上海盛通时代印刷有限公司印刷
开本 787×1092 1/16 印张 10.25
字数 200 千字
2021年1月第1版 2021年1月第1次印刷
ISBN 978-7-5478-4931-6/TV·10
定价：95.00 元

本书如有缺页、错装或坏损等严重质量问题，请向工厂联系调换

内容提要

新时代海上工程创新技术与实践丛书
防波堤与护岸新型消浪护面块体研发关键技术及工程应用

    本书结合交通运输部天津水运工程科学研究院海洋水动力研究中心创新团队在港口工程建设中的系列成果,基于交通运输部基础应用项目"新型深水防波堤结构形式与消浪块体稳定性研究"和《深入推进绿色港口建设行动方案》的纲要,详细介绍了米字型消浪护面块体、双联消浪护面块体、TB-CUBE消浪护面块体三种新型块体,主要内容包括利用物理模型试验技术手段对块体研发关键技术和工程应用进行论证,得出块体的设计参数、稳定和消浪机理,并总结归纳出工程上的最优适用条件,以及新型块体应用产生的社会和经济效益,最后对新型块体再次提升优化进行了展望。

    本书可供从事波浪与结构相互作用工程研究的科研人员和高等院校港口、海岸及近岸工程相关专业的师生参考。

重大工程建设关键技术研究编委会

总主编

孙　钧　　同济大学教授，中国科学院院士

学术顾问

邱大洪　　大连理工大学教授，中国科学院院士
钱七虎　　中国人民解放军陆军工程大学教授，中国工程院院士
郑皆连　　广西大学教授，中国工程院院士
陈政清　　湖南大学教授，中国工程院院士
吴志强　　同济大学教授，中国工程院院士
王　平　　西南交通大学教授
刘斯宏　　河海大学教授
杨东援　　同济大学教授

新时代海上工程创新技术与实践丛书 编委会

主　任

邱大洪

副主任

练继建

编　委

（以姓氏笔画为序）

吕卫清　刘　勇　孙林云　吴　澎　张华庆
罗先启　季则舟　郑金海　董国海　程泽坤

总序 | 重大工程建设关键技术研究

近年来,我国各项基础设施建设的发展如火如荼,"一带一路"建设持续推进,许多重大工程项目如雨后春笋般蓬勃兴建,诸如三峡工程、青藏铁路、南水北调、三纵四横高铁网、港珠澳大桥、上海中心大厦,以及由我国援建的雅万高铁、中老铁路、中泰铁路、瓜达尔港、比雷埃夫斯港,等等,不一而足。毋庸置疑,我国已成为世界上建设重大工程最多的国家之一。这些重大工程项目就其建设规模、技术难度和资金投入等而言,不仅在国内,即使在全球范围也都位居前茅,甚至名列世界第一。在这些工程的建设过程中涌现的一系列重大关键性技术难题,通过分析探索创新,很多都得到了很好的优化和解决,有的甚至在原来的理论、技术基础上创造出了新的技术手段和方法,申请了大量的技术专利。例如,632 m 的上海中心大厦,作为世界最高的绿色建筑,其建设在超高层设计、绿色施工、施工监理、建筑信息化模型(BIM)技术等多方面取得了多项科研成果,申请到 8 项发明专利、授权 12 项实用新型技术。仅在结构工程方面,就应用到了超深基坑支护技术、超高泵送混凝土技术、复杂钢结构安装技术及结构裂缝控制技术等许多创新性的技术革新成果,有的达到了世界先进水平。这些优化、突破和创新,对我国工程技术人员将是非常宝贵的参考和借鉴。

在 2016 年 3 月初召开的全国人大全体会议期间,很多代表谈到,极大量的技术创新与发展是"十三五"时期我国宏观经济实现战略性调整的一项关键性驱动因素,是实现国家总体布局下全面发展的根本支撑和关键动力。

同时,在新一轮科技革命的机遇面前,也只有在关键核心技术上一个个地进行创新突破,才能实现社会生产力的全面跃升,使我国的科研成果和工程技术掌控两者的水平和能力尽早、尽快地全面进入发达国家行列,从而在国际上不断提升技术竞争力,而国力将更加强大!当前,许多工程技术创新得到了广泛的认可,但在创新成果的推广应用中却还存在不少问题。在重大工程建设领域,关键工程技术难题在实践中得到突破和解决后,需要把新的理论或方法进一步梳理总结,再一次次地广泛应用于生产实践,反过来又将再次推动技术的更进一步的创新和发展,是为技术的可持续发展之巨大推动力。将创新成果进行系统总结,出版一套有分量的技术专著是最有成效的一个方法。这也是出版"重大工程建设关键技术研究"丛书的意义之所在。以推广学术上的创新为主要目标,"重大工程建设关键技术研究"丛书主要具有以下几方面的特色:

1. 聚焦重大工程和关键项目。目前,我国基础设施建设在各个领域蓬勃开展,各类工程项目不断上马,从项目体量和技术难度的角度,我们选择了若干重大工程和关键项目,以此为基础,总结其中的专业理论和专业技术使之编纂成书。由于各类工程涉及领域和专业门类众多,专业学科之间又有相互交叉和融合,难以单用某个专业来设定系列丛书,所以仍然以工程大类为基本主线,初步拟定了隧道与地下工程、桥梁工程、铁道工程、公路工程、超高层与大型公共建筑、水利工程、港口工程、城市规划与建筑共八个领域撰写成系列丛书,基本涵盖了我国工程建设的主要领域,以期为未来的重大工程建设提供专业技术参考指导。由于涉及领域和专业多,技术相互之间既有相通之处,也存在各自的不同,在交叉技术领域又根据具体情况做了处理,以避免内容上的重复和脱节。

2. 突出共性技术和创新成果,侧重应用技术理论化。系列丛书围绕近年来重大工程中出现的一系列关键技术难题,以项目取得的创新成果和技术突破为基础,有针对性地梳理各个系列中的共性、关键或有重大推广价值的技术经验和科研成果,从技术方法和工程实践经验的角度进行深入、系统而又详尽的分析和阐述,为同类难题的解决和技术的提高提供切实的理论依据和应用参考。在"复杂地质与环境条件下隧道建设关键技术丛书"(钱七虎院士任编委会主任)中,对当前隧道与地下工程施工建设中出现的关键问题进行了系统阐述并形成相应的专业技术理论体系,包括深长隧道重大突涌水灾害预测预警与风险控制、盾构工程遇地层软硬不均与极软地层的处理、类矩形盾构法、水下盾构隧道、地面出入式盾构法隧道、特长公路隧道、隧道地质三维探测、盾构隧道病害快速检测、隧道及地下工程数字化、软岩大变形隧道新型锚固材料等,使得关键问题在研究中得到了不同程度的解决和在后续工程中的有效实施。

3. 注重工程实用价值。系列丛书涉及的技术成果要求在国内已多次采用,实践证明是可靠的、有效的,有的还获得了技术专利。系列丛书强调以理论为引领,以应用为重点,以案例为说明,所有技术成果均要求以工程项目为背景,以生产实践为依托,使丛书既富有学术内涵,又具有重要的工程应用价值。如"长大桥梁建养关键技术丛书"(郑皆连院士任编委会主任、陈政清院士任副主任),围绕特大跨度悬索桥、跨海长大桥梁、多塔斜拉桥、特大跨径钢管混凝土拱桥、大跨度人行桥、大比例变宽度空间索面悬索桥等重大桥梁工程,聚焦长大桥梁的设计创新理论、施工创新技术、建设难点的技术突破、桥梁结构健康监测与状态评估、运营期维修养护等,主要内容包括大型钢管混凝土结构真空辅助灌注技术、大比例变宽度空间索面悬索桥体系、新型电涡流阻尼减振技术、长大桥梁的缆索吊装和斜拉扣挂施工、超大型深水基础超高组合桥塔、变形智能监测、基于BIM的建养一体化等。这些技术的提出以重大工程建设项目为依托,包括合江长江一桥、合江长江二桥、巫山长江大桥、桂广铁路南盘江大桥、张家界大峡谷桥、西堠门大桥、嘉绍大桥、港珠澳大桥、虎门二桥等,书中对涉及具体工程案例的相关内容进行了详尽分析,具有很好的应用参考价值。

4. 聚焦热点,关注风险分析、防灾减灾、健康检测、工程数字化等近年来出现的新兴分支学科。在绿色、可持续发展原则指导下,近年来基础建设领域的技术创新在节能减排、低碳环保、绿色土木、风险分析、防灾减灾、健康检测(远程无线视频监控)、工程使用全寿命周期内的安全与经济、可靠性和耐久性、施工技术组织与管理、数字化等方面均有较多成果和实例说明,系列丛书在这些方面也都有一定体现,以求尽可能地发挥丛书对推动重大工程建设的长期、绿色、可持续发展的作用。

5. 设立开放式框架。由于上述的一些特性,使系列丛书各分册的进展快慢不一,所以采用了开放式框架,并在后续系列丛书各分册的设定上,采用灵活的分阶段付梓出版的方式。

6. 主编作者具备一流学术水平，从而为丛书内容的学术质量打下了坚实的基础。各个系列丛书的主编均是该领域的学术权威，在该领域具有重要的学术地位和影响力。如陈政清教授，中国工程院院士，"985"工程首席科学家，桥梁结构与风工程专家；郑皆连教授，中国工程院院士，路桥工程专家；钱七虎教授，中国工程院院士，防护与地下工程专家；吴志强教授，中国工程院院士，城市规划与建设专家；等等。而参与写作的主要作者都是活跃在我国基础设施建设科研、教育和工程的一线人员，承担过重大工程建设项目或国家级重大科研项目，他们主要来自中铁隧道局集团有限公司、中交隧道工程局有限公司、中铁十四局集团有限公司、中交第一公路工程局有限公司、青岛地铁集团有限公司、上海城建集团、中交公路规划设计院有限公司、陆军研究院工程设计研究所、招商局重庆交通科研设计院有限公司、天津城建集团有限公司、浙江省交通规划设计研究院、江苏交通科学研究院有限公司、同济大学、河海大学、西南交通大学、湖南大学、山东大学等。各位专家在承担繁重的工程建设和科研教学任务之余，奉献了自己的智慧、学识和汗水，为我国的工程技术进步做出了贡献，在此谨代表丛书总编委对各位的辛劳表示衷心的感谢和敬意。

当前，不仅国内的各项基础建设事业方兴未艾，在"一带一路"倡议下，我国在海外的重大工程项目建设也正蓬勃发展，对高水平工程科技的需求日益迫切。相信系列丛书的出版能为我国重大工程建设的开展和创新科技的进步提供一定的助力。

孙钧

2017年12月，于上海

孙钧先生，同济大学一级荣誉教授，中国科学院资深院士，岩土力学与工程国内外知名专家。"重大工程建设关键技术研究"系列丛书总主编。

序

新时代海上工程创新技术与实践丛书

基础设施互联互通,包括口岸基础设施建设、陆水联运通道等是"一带一路"建设的优先领域。开发建设港口、建设临海产业带、实现海洋农牧化、加强海洋资源开发等是建设海洋经济强国的基本任务。我国海上重大基础设施起步相对较晚,进入 21 世纪后,在建设海洋强国战略和《交通强国建设纲要》的指引下,经过多年发展,我国海洋事业总体进入了历史上最好的发展时期,海上工程建设快速发展,在基础研究、核心技术、创新实践方面取得了明显进步和发展,这些成就为我们建设海洋强国打下了坚实基础。

为进一步提高我国海上基础工程的建设水平,配合、支持海洋强国建设和创新驱动发展战略,以这些大型海上工程项目的创新成果为基础,上海科学技术出版社与丛书编委会一起策划了本丛书,旨在以学术专著的形式,系统总结近年来我国在护岸、港口与航道、海洋能源开发、滩涂和海上养殖、围海等海上重大基础建设领域具有自主知识产权、反映最新基础研究成果和关键共性技术、推动科技创新和经济发展深度融合的重要成果。

本丛书内容基于"十一五""十二五""十三五"国家科技重大专项、国家"863"项目、国家自然科学基金等 30 余项课题(相关成果获国家科学技术进步一、二等奖,省部级科技进步特等奖、一等奖,中国水运建设科技进步特等奖等),编写团队涵盖我国海上工程建设领域核心研究院所、高校和骨干企业,如中交水运规划设计院有限公司、中交第一航务工程勘察设计院有限公司、中交第三航务工程勘察设计院有限公司、中交第三航务工程局有限公司、中交第四航务工程局有限公司、交通运输部天津水运工程科学研究院、南京水利科学研究院、中国海洋大学、河海大学、天津大学、上海交通大学、大连理工大学等。优秀的作者团队和支撑课题确保了本丛书具有理论的前沿性、内容的原创性、成果的创新性、技术的引领性。

例如,丛书之一《粉沙质海岸泥沙运动理论与港口航道工程设计》由中交第一航务工程勘察设计院有限公司编写,在粉沙质海岸港口航道等水域设计理论的研究中,该书创新性地提出了粉沙质海岸航道骤淤重现期的概念,系统提出了粉沙质海岸港口水域总体布置的设计原则和方法,科学提出了航道两侧防沙堤合理间距、长度和堤顶高程的确定原则和方法,为粉沙质海岸港口建设奠定了基础。研究成果在河北省黄骅港、唐山港京唐港区,山东省潍坊港、滨州港、东营港,江苏省滨海港区,以及巴基斯坦瓜达尔港、印度尼西亚AWAR电厂码头等10多个港口工程中成功转化应用,取得了显著的社会和经济效益。作者主持承担的"粉砂质海岸泥沙运动规律及工程应用"项目也荣获国家科学技术进步二等奖。

在软弱地基排水固结理论中,中交第四航务工程局有限公司首次建立了软基固结理论模型、强度增长和沉降计算方法,创新性提出了排水固结法加固软弱地基效果主要影响因素;在深层水泥搅拌法(DCM)加固水下软基创新技术中,成功自主研发了综合性能优于国内外同类型施工船舶的国内首艘三处理机水下DCM船及新一代水下DCM高效施工成套核心技术,并提出了综合考虑基础整体服役性能的施工质量评价方法,多项成果达到国际先进水平,并在珠海神华、南沙三期、香港国际机场第三跑道、深圳至中山跨江通道工程等多个工程中得到了成功应用。研究成果总结整理成为《软弱地基加固理论与工艺技术创新应用》一书。

海上工程中的大量科技创新也带来了显著的经济效益,如《水运工程新型桶式基础结构技术与实践》一书的作者单位中交第三航务工程勘察设计院有限公司和连云港港30万吨级航道建设指挥部提出的直立堤采用单桶多隔仓新型桶式基础结构为国内外首创,与斜坡堤相比节省砂石料80%,降低工程造价15%,缩短建设工期30%,创造了月施工进尺651 m的最好成绩。项目成果之一《水运工程桶式基础结构应用技术规程》(JTS/T167-16—2020)已被交通运输部作为水运工程推荐性行业标准。

其他如总投资15亿元、采用全球最大的海上风电复合筒型基础结构和一步式安装的如东海上风电基地工程项目,荣获省部级科技进步奖的"新型深水防波堤结构形式与消浪块体稳定性研究",以及获得多项省部级科技进步奖的"长寿命海工混凝土结构耐久性保障相关技术"等，均标志着我国在海上工程建设领域已经达到了一个新的技术高度。

丛书的出版将有助于系统总结这些创新成果和推动新技术的普及应用，对填补国内相关领域创新理论和技术资料的空白有积极意义。丛书在研讨、策划、组织、编写和审稿的过程中得到了相关大型企业、高校、研究机构和学会、协会的大力支持，许多专家在百忙之中给丛书提出了很多非常好的建议和想法，在此一并表示感谢。

邱大洪

2020 年 10 月

邱大洪先生，大连理工大学教授，中国科学院资深院士，海岸和近海工程专家。"新时代海上工程创新技术与实践丛书"编委会主任。

前言

与时代同频，与行业同向。新时代，我国港口工程建设取得了举世瞩目的成绩。交通运输部天津水运工程科学研究院（简称"天科院"）自1974年成立以来，围绕国家重大工程建设和国家重大科研领域，先后承担了港珠澳大桥、长江黄金水道、深中通道等千余项国家科技攻关、行业技术标准、重点工程建设项目的研究工作，特别是近10年就荣获了11项国家科学技术进步奖、4项国家优质工程奖和230余项省部级科技进步奖。为满足行业发展，天科院下属的海洋水动力研究中心创新团队积极开拓创新，对防波堤与护岸工程护面块体进行了一系列研发与应用，研究专题获得专利证书12项、部级科技进步奖3项，应用于国内外工程10余项，产生了巨大经济效益。

本书重点介绍了三项典型新块体的研究成果：

（1）米字型消浪护面块体。基于行业的技术储备，结合交通运输部基础应用项目"新型深水防波堤结构形式与消浪块体稳定性研究"，科研团队研发了米字型消浪护面块体，并于2015年获得国家专利局颁发的实用新型应用证书。该项目获得省部级科技进步奖1项、专利4项，且块体成功应用在原生态大比尺波浪水槽。大比尺波浪水槽自建成以来，本着"开发共享、合作共赢"的理念，天科院与清华大学、天津大学、河海大学、海军工程设计研究局、国家海洋局南海分局、中国科学院广东能源所等建立了良好的合作关系，开展了涉及远海珊瑚礁建设、波浪-结构物-地基耦合、浮体运动响应机理等13项试验工作，试验期间近1500人次进行了参观学习。

（2）双联消浪护面块体。基于中国全球化进程的不断推进，团队积极响应"一带一路"倡议，承担"21世纪海上丝绸之路"关键节点20多个国家60%以上的港口工程科研工作，由于受块体使用中专利问题的困扰和制约，以形成自主品牌走出去为目的，团队研发了双联消浪护面块体，在2009获得实用新型专利证书，并成功应用于印度尼西亚S2P电厂中资企业中标的破坏修复工程。该工程获得省部级科技进步二等奖1项，同时为中国港湾集团有限公司赢得了多个印度尼西亚港口项目，为企业创造了显著的经济效益。

（3）TB-CUBE消浪护面块体。习近平总书记在考察天津港时指出，"要志在万里，努力打造世界一流的智慧港口、绿色港口"，以及在推动长江经济带发展座谈会上指出，"推动长江经济带发展必须从中华民族长远利益考虑，走生态优先、绿色发展之路"。同时结合交通运输部《深入推进绿色港口建设行动方案》纲要，科研团队研发了TB-CUBE消浪护面块体，在2018年获得实用新型专利证书，接下来将积极推广块体在港口生态修复和景观建设工程的应用。

本书共5章：第1章主要针对新型块体的选型和国内外研究现状进行了介绍；第2~4章分别针对三种新型块体关键技术开展了物理模型试验研究，并介绍了工程应用情况；第5章对新型块体关键技术的应用进行总结和展望。本书系统论述了防波堤与护岸新块体的研发关键技术，为在国内外工程上推广应用提供了基础数据，也为其他类似工程提供了参考借鉴。

本书的出版得到了天科院总工程师兼副院长张华庆的大力支持，尤其在新块体研发过程中，他提出了许多宝贵意见。限于作者的学识及写作水平，错漏之处在所难免，恳请读者指正。

作 者

2020年9月

目录

第1章　绪论 ·· 1

1.1　国内外防波堤工程发展现状 /2
1.2　防波堤护面块选型分析 /4
1.3　国内外相关研究现状 /7
1.3.1　抛石斜坡堤 /7
1.3.2　人工护面块体 /7
1.4　现有护面块体特性对比分析 /10

第2章　新型米字型消浪护面块体关键技术研究与工程应用 ·· 11

2.1　米字型消浪护面块体概述 /12
2.2　关键技术研究 /16
2.2.1　物理模型试验 /16
2.2.2　试验成果与分析 /23
2.3　米字型块体在大比尺波浪水槽的应用 /49
2.3.1　概述 /49
2.3.2　大比尺波浪水槽 /51

第 3 章　新型双联消浪护面块体关键技术研究与工程应用 63

3.1　双联消浪护面块体概述 / 64
3.2　关键技术研究 / 66
3.2.1　物理模型试验 / 66
3.2.2　试验成果与分析 / 69
3.3　工程应用 / 81
3.3.1　工程应用概述 / 81
3.3.2　应用工程之一：印度尼西亚 CILACAP(S2P)电厂扩建工程项目 / 81
3.3.3　应用工程之二：印度尼西亚 CILACAP(S2P)电厂破坏修复工程项目 / 89
3.3.4　应用工程之三：印度尼西亚 KARANG TARAJE 港防波堤工程项目 / 94

第 4 章　新型 TB‑CUBE 消浪护面块体关键技术研究 109

4.1　TB‑CUBE 消浪护面块体概述 / 110
4.2　模型试验研究 / 111
4.2.1　试验内容 / 111
4.2.2　试验组次设计 / 112
4.2.3　试验断面确定 / 113
4.2.4　试验设备 / 113
4.2.5　模型设计与制作 / 113
4.2.6　试验方法 / 113
4.3　试验结果与分析 / 115
4.3.1　TB‑CUBE 块体设计参数测试试验 / 115
4.3.2　TB‑CUBE 块体消浪特性试验 / 116

4.3.3　TB-CUBE 块体与现有四脚空心方块体对比试验 / 128

第 5 章　新型块体关键技术工程应用总结与研究展望 ⋯⋯ 135

5.1　新型块体关键技术工程应用总结 / 136
5.1.1　关键技术总结 / 136
5.1.2　工程应用总结 / 136
5.2　研究展望 / 137
5.2.1　工程应用方向 / 137
5.2.2　港口与近海岸工程专业方向 / 137
5.2.3　未来研究方向 / 137

参考文献 ⋯⋯ 139

第 1 章

绪 论

天然石块堆叠而成的护坡结构是历史最悠久的斜坡式海防工程,早在公元前9世纪,古罗马人已经开始使用天然块石建造护岸结构。斜坡式防波堤主要由堤心和护面块体层两部分组成,堤心部分由天然块石堆叠而成,护面材料可以是天然块石或人工浇筑的混凝土块体。护面块体覆盖在堤心材料外层,作用就是保护堤心材料不受波浪和水流的侵蚀和破坏。堤前海浪和水流冲上斜坡坡面的护面块体层,进行能量交换活动,从而减弱波浪水流的能量,起到保护堤身的作用。人工护面块体是海岸工程中常见的结构形式,用来衰减波浪并保护防波堤等结构的主体安全。在能够开采到大块石的地区,用天然块石作护面通常是较经济的方案,且具有坚固耐久的优点。由于波浪容易在斜坡堤面上发生剧烈破碎,当水深较深时所需块石的质量会很大(单块质量可高达十几吨或数十吨),因而工程界已经发明了近百种形状各异、稳定性更高的混凝土人工块体。

1.1 国内外防波堤工程发展现状

在一些涉外工程中,新建海洋建筑物逐渐向外海水深区域发展,海洋建筑物所处的自然条件与已建工程相比更为复杂,深水、大浪、长周期涌浪等恶劣自然条件对建筑物的设计和施工等环节带来了严峻的考验[3,8]。当水深大幅度增加的同时,风、浪、流也就会随之增加,对于防浪建筑物来说相应的护面块体尺寸和结构构造的尺寸要求都会随之增加[9]。为保证防波堤护岸的稳定性,当水深较浅时,一般设计上通常采用砌石护面、宽肩台、人工护面块体等结构形式的防波堤护岸。随着水深的增加,波浪容易在坡面上发生剧烈破碎。因此,设计的结构断面用料会急剧增加,其主要表现在护面块体质量增加,一般将会超过 20×10^3 kg(如烟台西港池护面块体 20×10^3 kg;中国石油和委内瑞拉石油公司广东石化项目 20 000$\times10^3$ kg/年重质原油加工工程原油码头工程护面块体采用了 63×10^3 kg 扭王字块体[10]),有些工程甚至达到 70×10^3 kg 以上(如日本和韩国在防波堤工程中都有应用 80×10^3 kg 的 Sealock 块体和 100×10^3 kg 的 Dimple 块体的实例[11-13])。

通过对以往相关研究资料的分析,从国内外现有防波堤护岸破坏案例来看,往往是由于最外层护面块体丧失了护坡的功能,最终导致整个防波堤的破坏[4,5]。例如,20世纪70年代建造的最大水深 50 m 的葡萄牙锡尼什(Sines)港斜坡式防波堤,在1978年2月因为受到风暴潮侵袭,导致其主堤受到了严重破坏,在接下来的半年时间里又因为风暴潮袭击造成了防波堤护面块体更加严重的破坏,调查发现均为 Dolos 块体(扭工字块体)护面的断裂、缺失,最后由于上部胸墙基底被掏空,从而发生了防波堤的倾倒坍塌。由于其破坏程度十分罕见,因此引起国际海岸工程界的高度重视,有关方面对事故中的关键性技术问题进行了专题分析研究,并有若干研究成果陆续发表。该堤修复时,在破坏断面基础上,将内、外坡度放缓,改为铺设 $90×10^3$ kg 槽形和锥形混凝土方块。

2008 年我国公司所承建的印度尼西亚 PACITAN 电厂火电项目配套防波堤工程,面对印度洋平均波高、周期分别在 1.0 m、18 s 以上的长周期涌浪等恶劣条件,且施工期间缺乏海区波浪的实时监测,在防波堤施工中未能及时完成防护,最终致防波堤护面块体发生断肢并大面积损坏,如图 1-1 所示,工程损失巨大。另外,我国公司承建的非洲西北部毛里塔尼亚防波堤工程,由于海区水深较深(距离海岸 50 km 外海域水深可达到 1 000 m 以上),近岸的最大波高、周期分别达 4.0 m、20 s 以上的恶劣水文条件,施工过程中遭遇涌浪冲击,防波堤整体发生破坏,如图 1-2 所示。印度尼西亚 CILACAP 电厂工程建成于 2007 年,护面结构采用美国 $2×10^3$ kg 的 A-JACK 块体摆放两层,由于工程海区水动力环境条件恶劣,防波堤建成后受波浪水流等作用发生了破坏,护面块体的破坏多为断肢,断肢后更丧失了抗浪能力,且滚落至内侧。没有护面块体的堤段极易发生骤然破坏,牵连

图 1-1 印度尼西亚 PACITAN 电厂防波堤工程施工期破坏情况

图 1-2　毛里塔尼亚防波堤工程施工期发生破坏

相连堤段,形成大面积溃堤,如图 1-3 所示。

1.2　防波堤护面块选型分析

根据上述恶劣水文条件下防波堤所遭遇破坏的经验总结分析,防波堤护岸护面块体的选择非常重要,因为防波堤、护岸是港口抵御外海波浪作用的第一屏障,直接关系到工程是否可行,而护面块体稳定性直接关系到防波堤是否稳定存在,因此,研发具有良好的稳定性和消浪性的护面块体意义重大。

防波堤、护岸等在海洋工程建设中具有重要的作用,而护面块体的水力性能与建筑物

图1-3 印度尼西亚CILACAP电厂防波堤发生破坏

的安全可靠度、防波堤堤身断面的大小及堤顶高程的确定具有直接的关系[14]。在近几年海外市场的开拓中,人工块体的选型和对比分析主要以稳定性、经济性、强健性三个主要方向作为参考。

1) 稳定性

稳定性分析又可以分为三个方面:整体稳定性、个体稳定性和残余稳定性。整体稳定性一般指的是建筑物对抵御波浪侵袭的整体防护能力,其主要受到块体的种类[15]、建筑物的整体孔隙率[16]及护面块体的安装方式影响。个体稳定性一般指单个护面块体在波浪侵袭作用下的抗滚、抗滑能力[17],其主要与单个护面块体的稳定质量和块体与块体之间勾连效果有关[18]。以《防波堤设计与施工规范》(JTS 154—1—2011)[19]为例,规范中常用块体的质量均在 $30×10^3$ kg 以内(四脚锥体为 $12×10^3$ kg、四脚空心方块体为 $9×10^3$ kg、扭工字块体为 $26×10^3$ kg、扭王字块体为 $26×10^3$ kg)。残余稳定是指人工护面块体在波浪侵袭作用下发生了滚动、滑移或者块体断肢后的整体稳定和个体稳定作用。国内外学者对这方面研究比较少,一般发生块体滚动、滑移或断肢后大多数工程措施是提高块体的稳定质量。

2) 经济性

新型人工块体的选型一般是考虑其工程造价较低、安装方便高效、具有良好的消浪效果。新型人工护面块体的单层安放使施工方便迅速,相比于双层安放更是节省了混凝土用量。此外以原体研发其变异形式,增加块体孔隙率,不仅会进一步节省混凝土用量,同时也会提高其消浪能力。

3) 强健性

人工护面块体的强健性与建筑物的使用寿命息息相关,一般我们需要利用数学模型来分析块体在波浪作用下的受力状态。一般来讲,护面块体尺寸越大,对于杆件式结构可能块体断肢的风险也就越大。

4) 其他方面

(1) 环保性。在西方发达国家,政府以及个人对于建筑物对生物的影响非常重视,所以在海洋工程建设中采用环境友好型的人工护面块体是非常具有现实意义的。因为混凝土会在海水中释放不同的离子,影响海洋植物和鱼类,所以块体混凝土用量也与环保性有间接关系。

(2) 美观性。随着我国经济社会的不断发展,人们对于旅游业需求越来越大,造成了近年来小型游艇码头和海滨浴场的需求急剧增加,而且国内的一些退港还海的生态修复工程中往往也与当地滨海旅游业相结合,所以块体选型上建议美观性更佳的块体。

(3) 修复性。一些防护性海洋工程因为受台风或者长期季风的影响,可能会导致个别护面块体滚动、滑移甚至是破损,再加上老旧港区的修复和扩建,均会面临不同种类块体相互修补的问题。

(4) 专利问题。国内相关企业在进行海外项目设计施工时,会经常使用国内常用的扭王字块体,但是扭王字块体因涉及国外专利问题,所以造成了国内企业在对外投资项目使用中受到很多限制[20]。

因此,研究一种适用于长周期波、消浪效果优良、稳定性好、造价低廉且容易施工同时兼顾美观性的护面块体是一个重要的研究课题。

1.3 国内外相关研究现状

1.3.1 抛石斜坡堤

斜坡式防波堤是一种古老而有效的、位于港口水域外围、用于抵御风浪、保证港内有平稳水面的水工建筑物。斜坡式防波堤的作用是依靠堤身消散堤前波浪，保护堤后水域和海岸免受波浪侵袭。斜坡式防波堤主要由堤心和护面层两部分组成，堤心部分一般由块石等散体材料堆筑而成；护面材料可以是天然块石或人工浇筑的混凝土块体。护面块体覆盖在堤心材料外层，保护堤心材料不受波浪侵蚀和破坏，堤前海浪冲上斜坡坡面的护面块体层后发生破碎，从而消散波浪能量。

在具备开采条件的地区，使用天然块石作护面通常是较经济的方案，且具有坚固耐久的优点。由于波浪容易在斜坡堤面上发生剧烈破碎，当水深较深时所需的块石的质量会很大（单块质量可高达十几吨或数十吨），对天然块石的开采要求越来越高，因而工程界已经发明了近百种形状各异、稳定性更高的混凝土人工块体。目前，在我国使用得较多的有扭王字块体、四脚锥体、四脚空心方块体和扭工字块体等。其坡度一般不陡于 $1:1$，波浪在斜坡面上发生破碎，大部分波能在斜坡面的行进过程中被吸收和耗散。斜坡堤结构简单，波浪反射小，可就地取材，施工方便，修复容易，整体稳定性较高，对地基沉降不敏感，可适用于各种地基情况。由于堤的材料用量随水深的增加而有较大的增长，因而在水深较浅（$10\sim12$ m）、地基较差和石料来源丰富的情况下常采用这种结构形式。

1.3.2 人工护面块体

目前，国内外研发的护面块体种类已有数百种之多，但根据块体的形状和构造通常分为三种类型：杆件式块体、空心式块体、实心式块体。

杆件式块体主要通过两方面达到消能和稳定的功能。一方面依靠块体本身的自重和块体与块体之间的勾连作用来抵御波浪对其作用的波浪力，另一方面通过护面层之间的空隙和块体表面粗糙度形成的紊流消能以减小波浪对块体的侵袭，从而达到防护效果（如四脚锥体、扭工字块体、Shake 块体等）。杆件式块体主要以块体与块体之间的勾连作用来达到更好的稳定效果。工程中为了使块体之间整体性更强，通常会采用增大杆件尺寸的方法，但是这样容易造成因为块体强度不够从而发生损毁的后果，所以自身结构强度的缺陷制约了杆件式块体的发展。

空心式块体主要依靠水体进入块体内部形成的紊流来消能，从而降低波浪作用于块体上的作用力，使块体保持稳定。有的块体有顶面和侧面的凸起物，这样增加了块体之间的嵌固作用和块体表面粗糙度，从而减小了波浪在坡面上的爬高（如四脚空心方块体、空心四面体、Shed 块体等），增强了其消浪效果，还提高了护面块体的稳定性。空心式消浪块体存在的问题是消浪效果没有杆件式消浪块体好,但是单个块体稳定性比杆件式要好。杆件式块体如果发生损坏,修复比较困难,但是空心式块体如果发生损坏,一般是单个损坏,比较容易修复。

实心式块体主要是依靠单个块体自身质量来维持稳定。通过块体与块体之间空隙和表面凸起物起到消能作用,从而达到护面块体的稳定(如铁砧体、缺口方块、四面体等)。实心式块体比杆件式和空心式两种构型的单个块体稳定性要好,但是消浪效果没有这两种块体好,造成了波浪在块体上爬高比较高,工程造价比较高。目前,实心式结构在我国的应用已经非常少。

中国在1972年发明了栅栏板,它通过大量的空腔,增加了坡面的糙率,在空腔内形成的漩涡使波浪破碎、相互撞击,耗散波浪能量,从而达到消浪的目的[21]。根据相关试验研究发现混凝土栅栏板空隙率大,波浪爬高小,消浪效果良好。栅栏板一般是预制结构,施工速度快,造价经济[22]。目前工程中使用的栅栏板基本是素混凝土结构,而这样很容易出现断裂脱皮的现象,在黄骅港一期工程中曾经出现栅栏板表面混凝土严重脱落的情况[23]。而且因为是预制结构,在施工安装的时候需要将护面垫层整平,否则容易导致栅栏板不稳定,发生滑坡或不均匀沉降[24]。

20世纪80年代初,中国台湾地区的水工试验室又发明出双U型和I型两种护面块体,这两种块体稳定性好、易施工,可单层或双层摆放或抛放使用。I型块体采用规则摆放两层时,其稳定性与空心四面体相当;采用随机抛放时,其稳定性与扭工字块体相当[25]。

20世纪80年代,中国以ACCROPODE块体为原型研发出扭王字块体,它主要是通过粗糙表面形成的紊流进行消能[26]。扭王字块体造型紧凑、肢腿强度高、稳定性比较好,而且还可以与周围块体通过勾连作用形成整体[27]。扭王字块体的设计初衷就是为了使其勾连性和结构稳定性能够最优化。目前扭王字块体施工时多采用索吊技术,施工时一般将扭王字块体单层摆放在预先搭建好的网格中,而且在摆放时方向要有一定变化。但是施工过程中因为施工方法限制导致块体摆放的位置精度比较低,致使块体间不能达到预期的勾连效果,而勾连效果的好坏对其消浪效果与块体稳定性有直接影响[28]。

后来,我国还研发了双柱块体,其具有消浪块体层数少、施工方便的优势。通过模型试验研究表明,其消浪特性可与日本的Warock块体、Igloo块体及中国台湾地区的"天力块"相媲美[29~31]。

国外方面,1950年,法国率先发明了世界上第一种异形人工护面块体Tetrapod(四脚锥体),摩洛哥的卡萨布兰卡港首先使用了这种类型的护面块体[32]。此种块体造型纤细,护面层的孔隙率可达60%,采用随机或双层规则方式摆放。其依靠块体间的勾连作用保持护面层的稳定,良好的勾连效果使其具有良好的消浪效果,这也大大降低了波浪在斜坡上的爬高[33,34]。

20世纪60年代,南非研发出了扭工字块体。此种块体以混凝土用量少、施工简单的优势迅速成为当时应用非常广泛的人工护面块体。该块体采用双层安装形式,通过块体间的勾连作用达到稳定。有试验研究表明[35],扭工字块体因其具有较细长杆,在大风浪条件下容易引起肢腿断裂,所以不适宜在长周期涌浪条件下使用。

1962年日本研发出四脚空心方块体,它具有重心低、消浪效果优良和节省混凝土用量的优点。它一般是单层安放,安放时要求块体排列整齐、相互靠紧[36]。四脚空心方块体因为在摆放时块体与块体之间存在空隙,虽然可以防止块体之间的热胀破坏,但是对其整体稳定性却产生了不利,而且其对施工要求比较高,需要对其四个支撑点进行整平处理,以防止其发生失稳破坏[37,38]。

20世纪80年代,法国研发出了ACCROPODE Ⅰ型块体,该块体是迄今为止应用最为广泛的人工护面块体[39]。该块体采用单层安放形式,不仅减少了安装数量,而且节约了混凝土用量。随后在21世纪初,为了进一步节约混凝土用量而研发了ACCROPODE Ⅱ型块体,两种类型的块体都以块体间勾连作用达到稳定[44]。

20世纪90年代,美国陆军工程兵团研发出比ACCROPODE Ⅰ型块体更加省料的Core-Loc Ⅰ型块体。21世纪初又在Ⅰ型的基础上研发出了Core-Loc Ⅱ型块体,但这两种块体的构型差别不大。Core-Loc块体造型纤细,安放形式一般为单层安放,通过块体间勾连作用达到稳定[45],它在消浪效果和堤前波浪反射率方面具有较大优势[46]。Core-Loc块体和扭王字块体的结构外形比较相近,不同之处在于Core-Loc块体的肢腿要比扭王字块体纤细一些[47]。因为肢腿比较纤细,所以Core-Loc块体的水动力特性要好于扭王字块体,但是结构稳定性要比扭王字块体差。Core-Loc块体可以用来修复其他形状的护面块体(多为杆件式),其中扭工字块体居多。Core-Loc块体的安装方法与扭王字块体基本上一样,也是使用索吊和网格进行安放施工,所以在施工时也会存在与扭王字块体一样的缺陷[48]。然而Core-Loc块体的效果没有达到最初的设计构想,主要存在的问题就是结构稳定性不佳、勾连效果达不到预期、施工方法需要进一步优化、预制工序比较复杂等,这些都是新型护面块体发展过程中需要改进和突破的点。

20世纪90年代法国研发了一种环境友好型块体Ecopode,这种块体表面与自然中的石料相近,一般应用于建筑物所处环境对海洋生物影响比较大的水域。该块体施工时单层安放,通过块体间的勾连作用达到稳定[49]。但此种块体预制比较困难,造价比较昂贵。

20世纪初,荷兰DMC公司在ACCROPODE块体的基础上研发了一种新变体——Xbloc块体。DMC在某种特定条件下将Xbloc块体与其他块体进行比较后认为该块体是节省材料最多的人工块体。但由于Xbloc块体的4条肢腿端部比较脆弱,在施工吊装时很容易发生断裂损毁,且结构应力过于集中,因此在工程上未大规模推广应用。

通过对护面块体发展历程的回顾,我们可以发现对于一种优良的消浪块体必须具备下列几个特性:

(1)消浪性。消浪块体能够有效减少波压力及波浪反射,并且波浪爬高要小。

(2) 稳定性。消浪块体不易受波浪作用而位移失稳,块体间要能相互牵制而不易脱落。

(3) 施工方便。消浪块体浇制、运输、吊放及安装要简单方便。

以上的特性不仅与块体本身形状有关系,还与施工安放方式有关。通过消浪块体的摆放,组成表面粗糙度相当大的保护层,形成适当的空隙率,当波浪来袭时,遭遇此保护层即能量耗散。这也是目前进行护面块体研发中主要考虑的因素。

1.4 现有护面块体特性对比分析

基于目前工程中已广泛应用的各类护面块体和结构特点,通过参考其形状演变规律和发展趋势,不同的块体在工程实践的运用过程中不断修改和优化。例如,国内最常用的扭王字块体为 1981 年研制的,在 1996 年又基于其研发了适合海洋生态的 Ecopode 块体,2004 年派生出新的 ACCROPODE Ⅱ 型块体(图 1-4),2006 年又派生出 Core-Loc Ⅱ 型块体等。通过新、旧块体研制对比发现,大多数块体间存在相似性与连续性,如 Xbloc 块体是在 ACCROPODE 块体和 A-JACK 块体基础上通过削脚、变短腿后产生的一种新型块体,而 Core-Loc Ⅰ 型块体和 Core-Loc Ⅱ 型块体均是在 ACCROPODE 块体基础上,腿由四边形变成六边形得到的,等等。

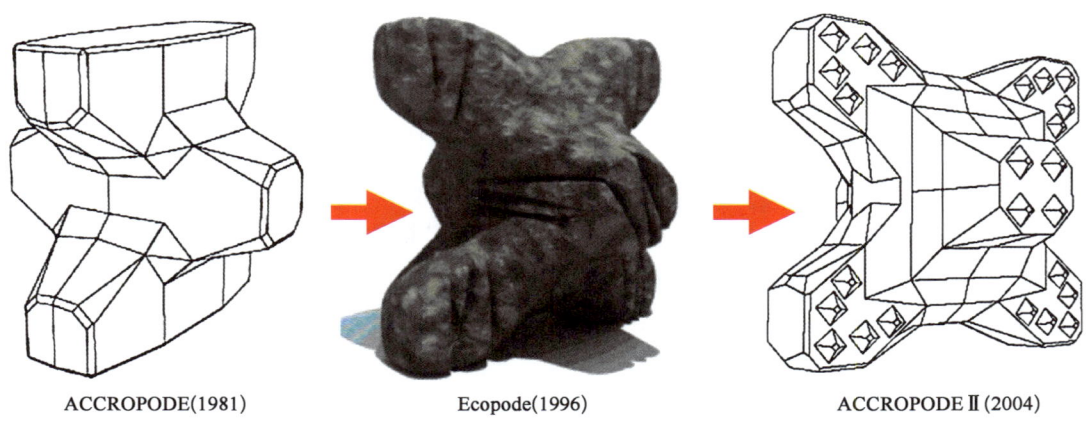

图 1-4 ACCROPODE 块体演变过程

对于研发一种新型护面块体,其设计出发点无外乎为两点:一是发挥块体之间的嵌固咬合力,以提高整个护面的稳定性;二是设法提高单块体的消浪效果以使其稳定。前者以工字型块体为代表,后者以各种空心块体为代表,如网状空心方块体、Shed 空心块体、螺帽块体等,它们都是利用波浪作用于块体后,通过水流在块体内部的搅动消能来提高块体自身稳定性的。因此,主要抓住上述两方面即可研发出实用型的护面块体。

第 2 章

新型米字型消浪护面块体关键技术研究与工程应用

2.1 米字型消浪护面块体概述

结合交通部基础应用项目"新型深水防波堤结构形式与消浪块体稳定性研究",要求深水防波堤与浅水防波堤的不同主要表现在深水防波堤的断面设计有明显的坡脚、斜坡、戗台和坡顶,因此,对于新型块体研发需考虑该块体对坡脚的适应性、斜坡最多容纳块体的个数和块体相互咬合的特性[41]。另外,在外海深水大浪作用下,块体受到的结构应力也相应增加,新研制的块体在形状上应更粗壮以提高稳定质量。同时,还需考虑到深水块体的腿需短而粗,且在外海建设深水防波堤,护面的人工块体将面临大浪、长周期波的作用,因此人工块体往往需要较大质量。

在对新型块体选型前,首先对现有人工护面块体的发展过程及现状应用情况分别进行调查和统计。统计分析得出,块体的稳定性和经济性是衡量块体优劣的主要指标,为了找出新块体研发思路,首先对现有块体的经济性和稳定性进行对比分析,找出以往块体的优缺点,为新研发块体的选型提供参考指导[40]。护面块体层所需块体数量 N 和混凝土总量 Q 对工程施工周期有很大的影响,是衡量经济性的重要指标,块体数量越多,护面层部分的施工周期越长,反之则施工周期越短,是工程上确定是否采用该块体的重要考量因素。稳定性指标,即采用选取相同波高作用下,对所需块体的稳定质量大小进行衡量。本文对现有常用的四脚锥体、扭工字块体、扭王字块体、Core-Loc 块体和 Xbloc 块体,采用《防波堤与护岸设计规范》(JTS 154—2018)[52]中规定的如下公式计算进行对比分析。

$$N = An'c(1-P')\left(\frac{0.1\gamma_b}{W}\right)^{2/3} \quad (2-1)$$

$$Q = N\frac{W}{0.1\gamma_b} \quad (2-2)$$

$$W = 0.1\frac{\gamma_b H^3}{K_D(S_b-1)^3 \cot\alpha} \quad (2-3)$$

$$S_b = \frac{\gamma_b}{\gamma_o} \quad (2-4)$$

式中　　N——人工块体数;

Q——人工块体混凝土用量;

W——单个块体的稳定质量;

γ_b ——块体材料的重度；

n' ——护面块体的层数；

γ_0 ——水重度；

c、P'、K_D ——块体形状系数、空隙率、稳定系数；

A ——块体所占面积。

根据以上公式计算得出质量与每 100 m² 上块体护面层的混凝土总量如图 2-1 所示，设计波高与稳定质量的关系如图 2-2 所示。

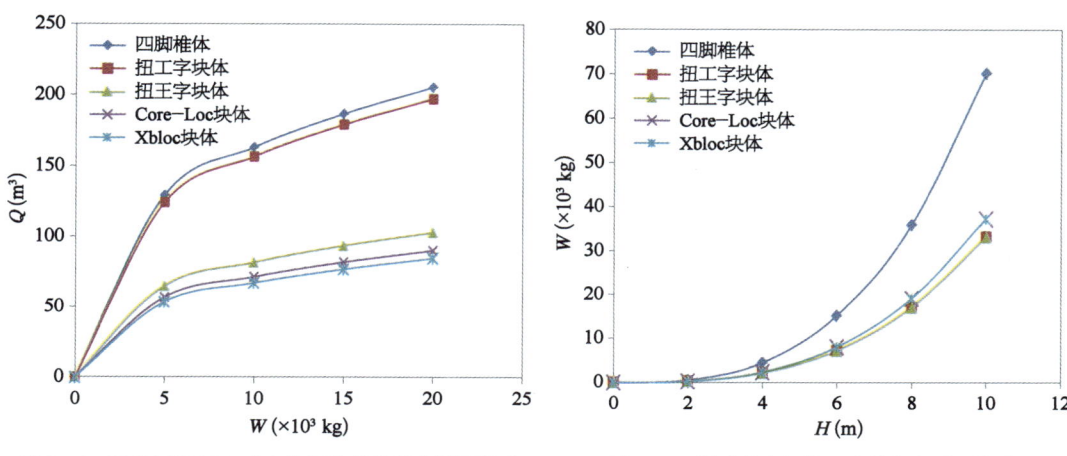

图 2-1　质量与每 100 m² 上护面块体混凝土用量关系　　图 2-2　设计波高与护面块体稳定质量关系

由图 2-1 可知，在护面块体质量相同的情况下，四脚锥体在每 100 m² 护面层所需的混凝土量是最多的，Xbloc 块体混凝土用量相对最少，扭王字块体混凝土用量略多于 Xbloc 块体。由图 2-2 可知，在设计波高相同的情况下，四脚锥体所需的稳定质量最大，扭王字块体所需的稳定质量最小，Xbloc 块体所需的稳定质量略大于扭王字块体。从经济性和稳定性来看，Xbloc 块体和扭王字块体均属于一种稳定性较好且经济的人工护面块体。

由上述分析，在现有常用护面块体中，扭王字块体的稳定性最好，而 Xbloc 块体混凝土用量最少也最经济，且通过在 ACCROPODE 块体基础上分别延伸出的 Ecopode 块体和 ACCROPODE Ⅱ 块体的设计思路。通过对 Xbloc 块体外形的观测发现，其四个腰杆为尖角，因此块体在制作、运输和施工过程中很容易摩钝甚至损坏，从而可能使工程成本增加、施工进度减慢，且由于腿端部为尖角，也容易导致结构应力集中等有害现象的发生。针对上述不利因素，提出了将 Xbloc 块体和扭王字块体相结合、各取其优的研发思路，即将 Xbloc 块体在施工时易破损的四个尖角腰杆置换成与扭王字块体杆件相同的台体形状，而中间竖杆不变，但对其每条边进行倒角处理，从而有利于块体中应力的分散。重新设计后的新型消浪块体根据其形状命名为"米字型消浪护面块体"（简称"米字型块体"），块体研发过程如图 2-3 所示。

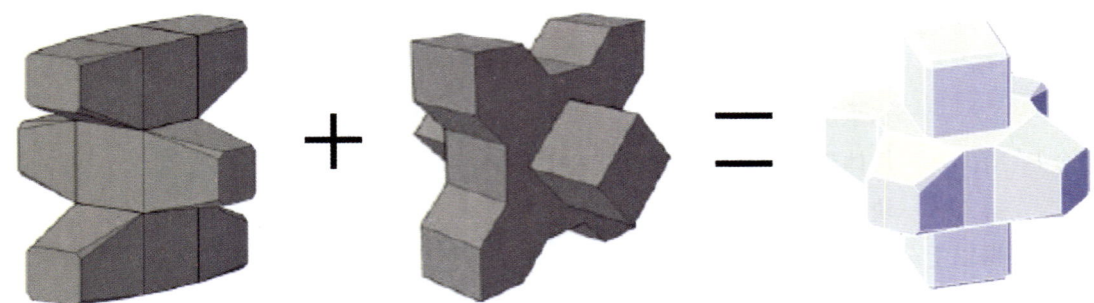

图 2-3 米字型块体研发过程

另外,针对米字型块体在平面上三点着地的特性,在保证其体积不变的条件下,将中间竖杆绕中轴转 45°角,其他均不变,构成米字型块体的一种改进型。为区分,本书将上述两种块体分别命名为"米字型块体 A 型块"和"米字型块体 B 型块"。A、B 型两种块体形状如图 2-4 所示,它们的放置方式与传统扭王字块体相同,为规则和随机摆放两种方式。

(a) 米字型块体A型块

(b) 米字型块体B型块

图 2-4 两种米字型块体

从新型消浪块体外观结构可知,其优点为杆件都集中在中间,构件坚固且整体性好,可减小在波浪冲击作用下因块体间相互碰撞而导致的杆件断裂,因此适合布置于外海深水环境。

参考 Xbloc 块体、扭王字块体等工程界常用块体的外形结构尺寸(表 2-1),米字型块体结构尺寸分别如图 2-5 和图 2-6 所示,计算得到块体体积 $V = 0.229h^3$(h 为块体高度)。

表 2-1 常见的几种护面块体体积统计

体积	原有块体					米字型块体
	扭工字块体		扭王字块体		Xbloc 块体	
	A 型	B 型	A 型	B 型		
$V(\mathrm{m}^3)$	$0.142h^3$	$0.160h^3$	$0.330h^3$	$0.265h^3$	$0.333h^3$	$0.229h^3$

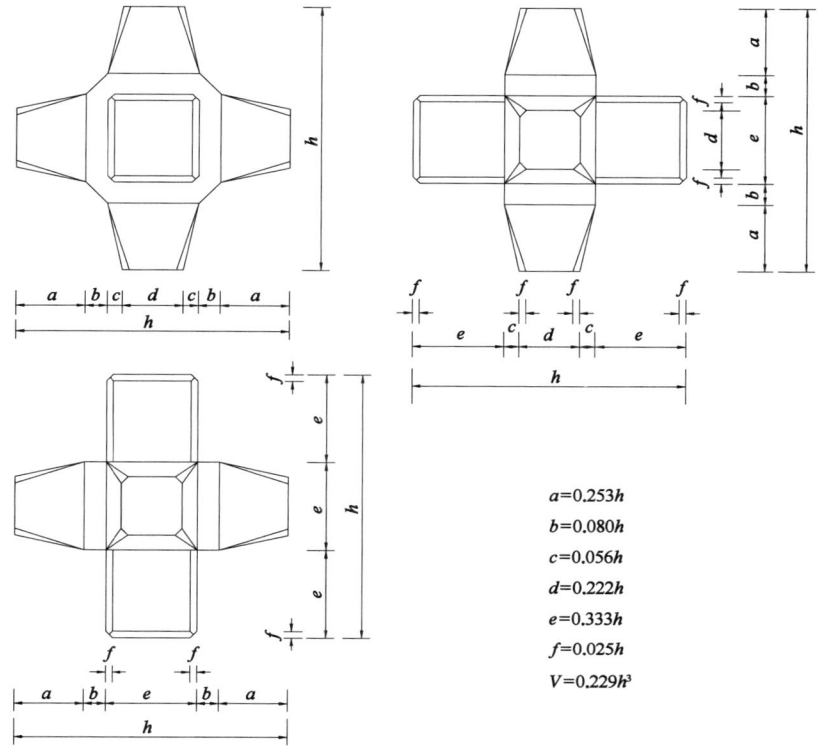

图 2-5　米字型块体 A 型块结构尺寸图

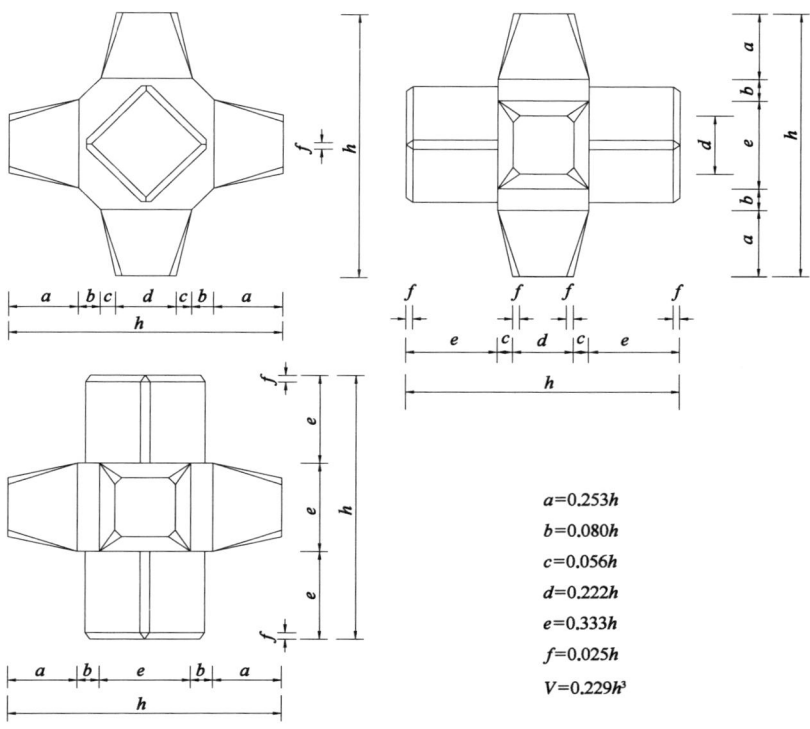

图 2-6　米字型块体 B 型块结构尺寸图

2.2 关键技术研究

2.2.1 物理模型试验

1) 试验内容

根据上述研究思路进行相应的物理模型试验,以检验新型块体的水力特性,试验的主要内容包括:形状系数 c、混凝土的用量 Q、摆放个数 N、糙渗系数 K_Δ、稳定系数 K_D,以及与现有扭王字块体对比试验内容等。

2) 试验组次设计

(1) 试验条件确定。对于试验条件的确定,综合考虑试验场地限制、造波机能力,以及在波浪作用下护面块体较大失稳率等因素,按照相关规范,具体试验条件如下:

① 试验水位。模型试验水位选择三种,分别为 $d=0.25$ m、0.35 m、0.45 m。

② 试验波浪。考虑造波能力和试验堤顶不越浪,以及设计波高作用下允许块体的失稳等条件,确定如下:试验周期选择 4 种,分别为 1 s、1.3 s、1.6 s、1.9 s;试验波要素,采用不规则波试验,有效波高采用 0.07~0.25 m 为间隔,从 0.07 m 开始逐步增加,详见表 2-2。

表 2-2 试验条件(模型值)

水深(m)	周期 T_s(s)	波高 $H_{13\%}$(m)	波陡 H/L
0.25	1.3	0.07/0.09/0.11/0.12/0.13/0.15/0.17/0.19	1/40~1/30
	1.6	0.07/0.09/0.11/0.12/0.13/0.15/0.17/0.19/0.21/0.23	1/35~1/10
0.35	1.0	0.07/0.08/0.09/0.10/0.11/0.12/0.13/0.14/0.15/0.17/0.19	1/25~1/5
	1.3	0.07/0.09/0.11/0.12/0.13/0.15/0.17/0.19	1/30~1/10
	1.6	0.07/0.09/0.11/0.12/0.13/0.15/0.17/0.19/0.21/0.23	1/40~1/12
	1.9	0.07/0.09/0.11/0.12/0.13/0.15/0.17/0.19/0.21/0.23/0.25	1/50~1/15
0.45	1.3	0.07/0.09/0.11/0.12/0.13/0.15/0.17/0.19	1/35~1/12
	1.6	0.07/0.09/0.11/0.12/0.13/0.15/0.17/0.19/0.21/0.23	1/45~1/13

(2) 试验断面确定。试验断面设计,依据 JTS 154—2018 的相关规定进行确定,按照项目的要求,采用堤顶带胸墙的传统斜坡堤形式,为保证波浪作用下堤顶不产生越浪现象,整个断面设定高程为 0.75 m(模型值,下同),模型底面设定高程为 0 m。断面护面块体采用米字型块体,安放方式采用随机摆放,其垫层石采用对应护面石 1/20~1/10 质量的块石,坡度分别设置为 1∶1.25、1∶1.5、1∶2、1∶3 四种,块体坡脚采用棱体块石进行支撑,块石的质量为块体稳定质量算式所得到质量的 1/10~1/5,坡度为

1∶2，护底采用$(1\sim6)\times10^{-3}$ kg重块石护底，端部坡度为1∶2，试验断面如图2-7所示。试验中护面块体质量设定为60×10^{-3} kg、90×10^{-3} kg、120×10^{-3} kg、150×10^{-3} kg四种。

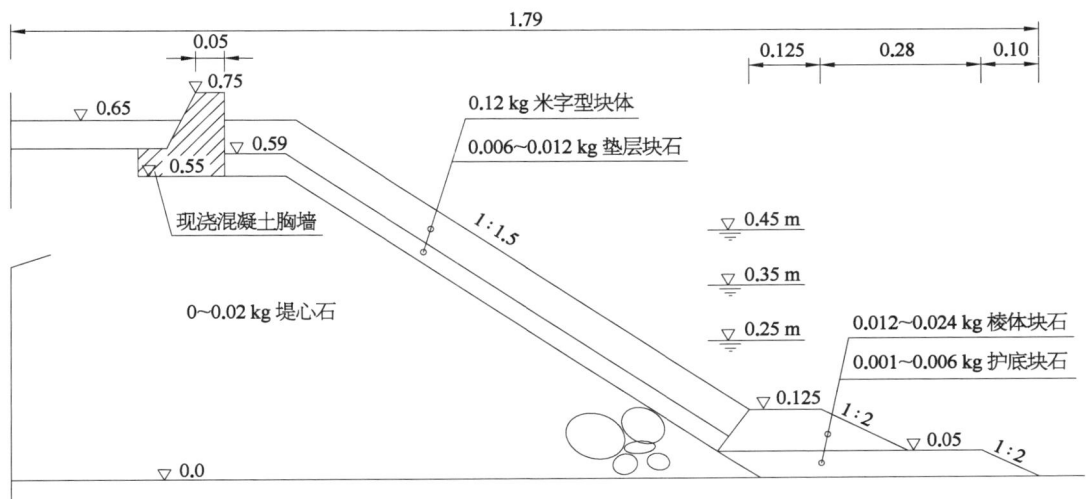

图2-7 设计试验断面示意图(单位：m)

3）试验设备

模型试验在天科院水工厅波浪水槽中进行，如图2-8所示。水槽长68 m、宽1.0 m、高1.5 m，配备电机伺服驱动吸收式推板造波机，可以产生规则波与不规则波。造波机由造波机械、电伺服控制系统、计算机和无反射模块组成。波浪水槽造波原理为：由计算机根据输入的造波参数计算出目标波浪的板前波浪信号，并按一定算法将其转换成相当于造波板运动速度和位置的数据，输入到D/A转换器中，D/A转换器将数字量信号转换为伺服驱动器所需要的模拟电压信号，由伺服驱动器输出脉冲信号控制伺服电机的转速和转动的角度，通过滚珠丝杠副驱动直线运动单元带动推波板在水中按照预定的运动规律运动，从而实现所期望的波浪；伺服驱动器直接对电机编码器反馈信号进行采样，内部构成速度闭环控制以提高控制精度与运动速度的稳定性，避免电机丢步；控制采集卡接收电机编码器的反馈信号，实时跟踪造波板的运动位置，外部构成位置闭环以提高推波板的定位精度；用波高传感器实时采集造波板前的波浪信号，并输入到计算机中与目标波浪相比较，以提取（分离）反射波信号，并将该信号以反相形式加到控制信号中去，使造波板的运动附加一个可消除二次反射波的位移运动，实现可吸收二次反射波的造波功能。

水槽两端均设有消波装置并同时设有连通管，以使试验过程中模型两侧的水位保持不变。

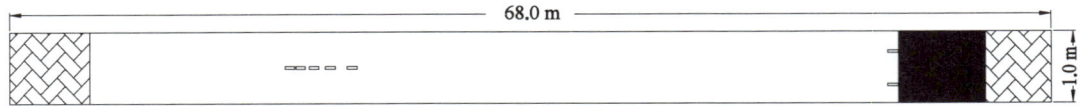

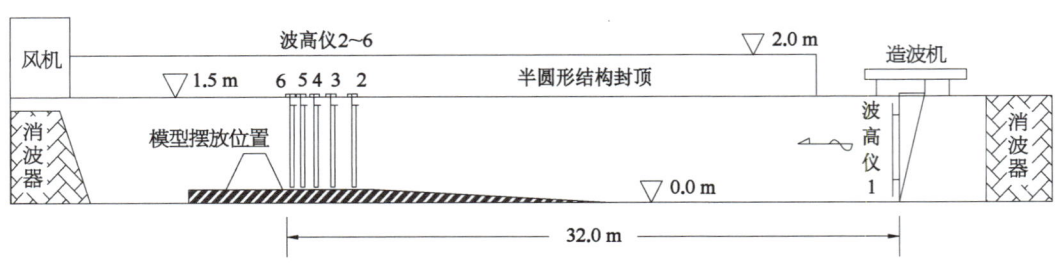

图 2-8 波浪水槽布置图

模型高程用水准仪控制,长度用钢尺测量,波高采用波高传感器,并通过 SG2000 型动态水位测量系统对波高进行采集分析,如图 2-9 所示。

图 2-9 电容式波高传感器及 SG2000 型动态水位测量系统

4) 模型设计与制作

模型试验最重要的是与工程原型相似,其主要有三个特征:运动相似、几何相似及动力相似,这三个特征相辅相成,缺一不可。但是在某种具体的工况条件下,总是会有某一特征发挥着主要作用,其他两个特征处于次要作用,这为模型试验简化提供新的思路,所以本次试验模型按照重力相似原则进行设计,结构断面按照几何相似进行设计,其中根据《波浪模型试验规程》(JTJ/T 234—2001)要求,模型质量误差要控制在±5%以内,几何尺寸误差控制在±1%以内。

(1) 重力相似准则。由于原型与模型中对波浪运动起主导作用的力为重力,因此将运动中次要的作用力略去不计,两种波浪动力相似要求按重力相似处理。作用于波浪的重力 $G=mg=\rho Vg$,用 G_p 和 G_m 分别代表原型和模型波浪中的重力,如两种波浪保持动力相似则应具有下列关系:

$$\lambda_G = \frac{G_p}{G_m} = \frac{\rho_p g_p V_p}{\rho_m g_m V_m} = \lambda_\rho \lambda_g \lambda_L^3 \quad (2-5)$$

为了满足动力相似,将牛顿数 $N_e = \frac{F}{\rho L^2 v^2}$ 中的 F 值代入 G,即将 $\frac{\lambda_F}{\lambda_\rho \lambda_L^2 \lambda_v^2} = 1$ 中以 λ_G 代入 λ_F。则可得

$$\frac{\lambda_G}{\lambda_\rho \lambda_L^2 \lambda_v^2} = 1 \quad (2-6)$$

将式(2-5)代入式(2-6)中,得

$$\lambda_\rho \lambda_g \lambda_L^3 = \lambda_\rho \lambda_L^2 \lambda_v^2$$

亦即

$$\frac{\lambda_v^2}{\lambda_g \lambda_L} = 1 \text{ 或 } \frac{\lambda_v}{\sqrt{\lambda_g \lambda_L}} = 1 \quad (2-7)$$

式(2-7)说明重力起主导作用的两种波动保持动力相似时,要求原型和模型中的弗劳德数 Fr 相等,即所谓弗劳德相似准则。

(2) 几何相似准则。几何相似是指原型和模型的几何形状相似。几何形状相似要求原型和模型中对应部位的长度保持一定的比例关系,即模型中各对应部位的几何尺寸都是按同一比例尺由原型部位塑制而成,即满足下列关系式:

$$\lambda = \frac{l_p}{l_m} \quad (2-8)$$

式中 λ——模型长度比尺;

l_p、l_m——原型长度和对应的模型长度。

(3) 各比尺关系。若以 λ 表示各物理量原型值与模型值之间的比值,则各物理量与 λ 之间的关系如下:

$$\lambda_t = \lambda^{1/2} \quad (2-9)$$

$$\lambda_F = \lambda^3 \quad (2-10)$$

式中 λ——模型长度比尺;

λ_t——时间比尺;

λ_F——力比尺。

试验的防波堤断面并没有实际的参照物,根据试验水槽的性能和造波机最大造波

能力,必须保证护面块体在波浪作用下都能被打动到具有一定的失稳率;另外,为了便于试验结果的分析,探讨块体的稳定特性,几何比尺选择为50,时间比尺为7.07,力比尺为125 000。

考虑米字型块体在深水防波堤工程推广应用,参考以往研究成果,设定防波堤断面水深为−12.5～−22.5 m。为了满足米字型块体试验目的和对比分析,模型上总共制作了60×10^{-3} kg、90×10^{-3} kg、120×10^{-3} kg、150×10^{-3} kg 四种不同质量的块体,块体材料均采用水泥铁粉进行配制,块体按重力比尺进行挑选,质量偏差控制在±5%以内,制作完成的消浪块体如图2-10和图2-11所示。

图2-10　块体模型模具3D打印与块体模型制作现场

(a) 米字型块体　　　　　　　　　(b) 扭王字块体

图2-11　制作完成的试验块体模型

由于模型试验采用的是淡水,而实际工程中为海水,淡水与海水之间存在密度差,所以试验中考虑$\rho_{海水}=1.025\rho_{淡水}$,并在设计模型质量时考虑了这种影响。

5）试验方法

（1）波浪模拟。试验遵循交通运输部颁发的《波浪模型试验规程》（JTJ/T 234—2001）相关要求，波浪分别采用了规则波与不规则波，规则波采用微幅波模拟。波谱首先按《港口与航道水文规范》JTS 145—2015 选取，若满足规范中的参数（波高水深比、谱尖度因子等）要求，则采用规范谱（文氏谱）；若参数要求不能满足，则按规范采用合适的风浪频谱形式。本试验采用了改进的 JONSWAP 谱（$\gamma=3.3$），其解析式为

$$S(f)=\beta_\mathrm{j} H_{1/3}^2 T_\mathrm{p}^{-4} f^{-5} \exp\left[-\frac{5}{4}(T_\mathrm{p}f)^{-4}\right] \times \gamma^{\exp[-(f/f_\mathrm{p}-1)^2/2\sigma^2]} \tag{2-11}$$

式中：$\beta_\mathrm{j}=\dfrac{0.062\,38}{0.230+0.033\,6\gamma-0.185(1.9+\gamma)^{-1}}(1.094-0.019\,15\ln\gamma)$；

$$T_\mathrm{p}=\begin{cases} T_\mathrm{s}/[1-0.132(\gamma+0.2)^{-0.559}] \\ T_\mathrm{m}/[1-0.532(\gamma+2.5)^{-0.569}] \end{cases}$$

$$\sigma=\begin{cases} 0.07 & f\leqslant f_\mathrm{p} \\ 0.09 & f>f_\mathrm{p} \end{cases}$$

式中　r——谱峰因子，取 3.3；

f_p——峰频，为谱峰频周期 T_p 的倒数；

$S(f)$——谱密度；

$H_{1/3}$——有效波高；

f——频率；

σ——无维谱宽参数。

（2）波浪率定。在模型摆放之前，首先率定试验入射波浪要素，不规则波采用频谱模拟，以初始值经过修正后，使峰频附近谱密度、峰频、谱能量、有效波高等满足试验规程要求，从而实现试验波浪要素满足 JONSWAP 谱目标值，具体满足条件如下：

① 波能谱总能量的允许偏差为±10%。

② 峰频模拟值的允许偏差为±5%。

③ 在谱密度大于或等于 0.5 倍谱密度的范围内，谱密度分布的允许偏差为±15%。

④ 有效波高、有效波周期或谱峰周期的允许偏差为±5%。

⑤ 模拟的波列中 1% 累积频率波高、有效波高与平均波高比值的允许偏差为±15%。

每组波列波个数均保持在 100 个以上，根据试验要求，针对不同断面，在各个水位依据给定的波浪要素进行率定，将最后得到的造波参数存储在计算机中。试验时，依据对应率定好的造波信号进行造波。图 2-12 为堤前水深 0.35 m 时的一组试验波浪要素率定波列过程曲线和波谱模拟的情况。

（3）护面块体稳定性判定。进行各断面稳定性试验时，每个水位条件下模拟原体波浪

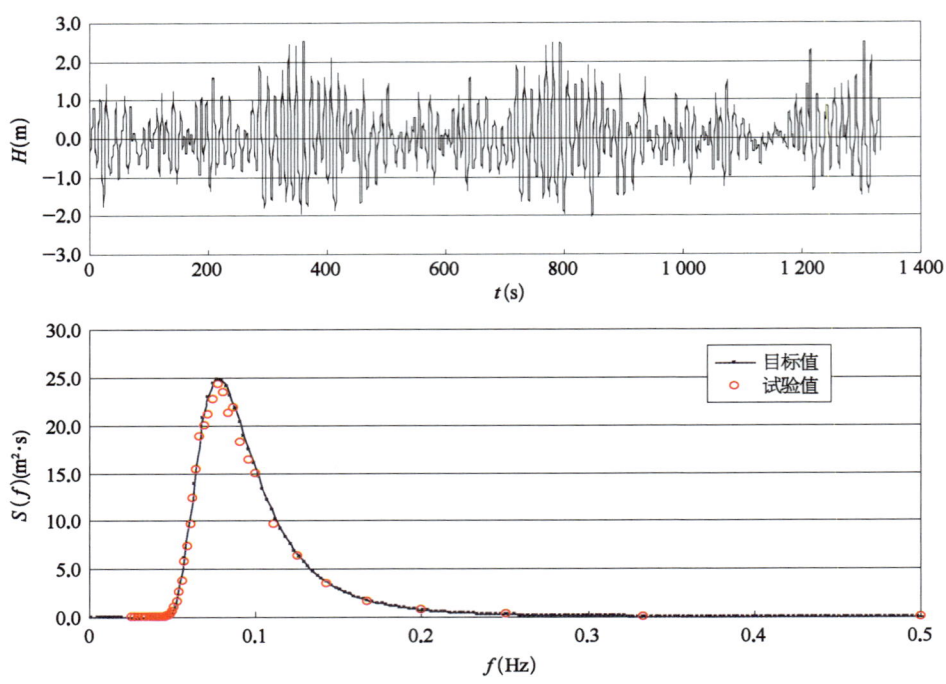

图 2-12 入射波高 0.35 m 时的波面过程及波谱验证情况

作用时间应不小于 2 h,以便观察断面在波浪累积作用下的变化情况。根据波浪试验规程规定,断面中块体的稳定性试验每组至少重复 3 次,当 3 次试验现象差别较大时,增加重复次数。每次试验后断面均需重新摆放方能开始下一次试验。

① 扭王字块体和米字型块体稳定性判断。稳定性主要通过观察其位移情况进行判断。试验中发生位移变化在半倍块体边长以上或块体滑落、跳出,即判断为失稳;发生局部缝隙加大至半倍块体边长以上,也判断为失稳。失稳的断面要进行重复试验,若重复试验后也判断为失稳的,则最终判定为断面失稳;若重复试验时块体没有位移,则断面稳定。由于米字型块体的形状与扭王字块体相近,且摆放方式也采用单层随机摆放,块体间也通过相互勾连来抵抗波浪作用,因此,对于该块体失稳标准仍采用扭王字块体失稳的标准进行判定。

② 护面块体失稳率计算方法。关于块体失稳率,依据《波浪模型试验规程》(JTJ/T 234—2001)相关规定,采用下式进行计算:

$$n = \frac{n_d}{N_1} \times 100(\%) \qquad (2-12)$$

式中 n ——失稳率(%);

n_d ——静水位上、下各一倍设计波高范围内失稳块体数;

N_1 ——静水位上、下各一倍设计波高范围内块体总数。

2.2.2 试验成果与分析

若需要在实际工程中推广应用米字型块体,则需对块体特性有一个充分的了解。

参考 JTS 154—2018 中对于在防波堤、护岸断面上采用护面块体时所需各参数,在模型上分别对米字型块体各参数进行测定,主要包括以下几个参数:形状系数 c、每 100 m² 护面块体个数 N、块体空隙率 P'、每 100 m² 护面块体混凝土用量 Q、糙渗系数 K_Δ、稳定系数 K_D。

试验分别得出 A 型、B 型两种米字型块体的各自参数,为进一步推广新型块体在工程上应用,在 A 型、B 型两种块体中选择一种较优的块体,将该块体与现有常用的扭王字块体在块体稳定性、消浪情况和施工难易程度等方面进行对比试验。此外,还进一步通过改变不同坡度 m、堤前水深 d、入射波周期 T,对块体失稳率与极限波高之间的变化关系进行了试验研究。上述各因素与稳定系数变化关系的结果可为 JTS 154—2018 中的 Hudson 计算式提供补充数据。

1) 块体设计参数测定

为了增加试验结果准确性,试验过程中对 A 型、B 型两种块体采用了四种不同质量(分别为 60×10^{-3} kg、90×10^{-3} kg、120×10^{-3} kg、150×10^{-3} kg),护面块体摆放方式为单层随机摆放,摆放情况如图 2-13 所示,多次进行测量,最后取其平均值。同时也为了在试验过程中便于观察护面块状态,对护面上不同行的块体进行不同颜色交错随机摆放。

图 2-13 新型消浪块体随机安放方式

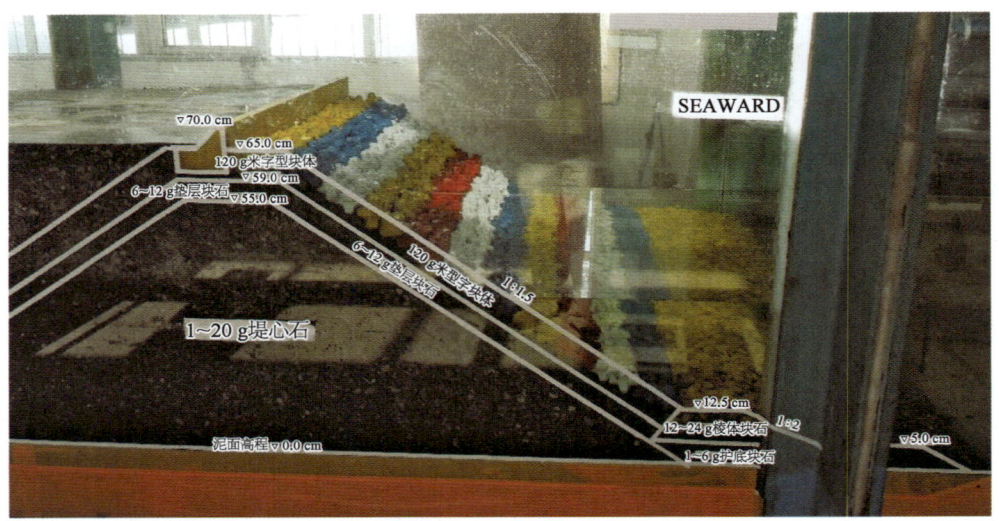

图 2-14 水槽内制作完成试验断面

(1) 形状系数 c。对于米字型块体形状系数 c 的测定,依据 JTS 154-2018 中护面块体厚度计算公式 $h=n'c\left(\dfrac{W}{0.1\gamma_b}\right)^{1/3}$ 可知,当测出计算式中护面块体层厚度 h、块体质量 W,则可以得出形状系数 c。而护面块体厚度 h 是直接在水槽内试验断面上的不同位置测得,因此将护面块体厚度计算公式进行变形后即可得出形状系数 c 计算表达式:

$$c=h\times\dfrac{1}{n'}\left(\dfrac{0.1\gamma_b}{W}\right)^{1/3} \qquad (2-13)$$

式中 h ——护面块体层厚度;

γ_b ——块体材料的重度,取 $23.0\ \text{kN/m}^3$;

W ——单个块体的稳定质量,见表 2-3;

n' ——护面块体的层数,取 1。

对护面块体厚度 h 进行测量时,分别对四种不同质量护面块体试验断面上的不同位置进行多次测量,如图 2-15 所示。

再计算得出 A 型、B 型两种块体对应四种不同质量的形状系数 c 分别为 1.42、1.38、1.37、1.36 和 1.40、1.37、1.42、1.39,最后取平均值,即米字型块体 A 型块、米字型块体 B 型块的形状系数 c_A、c_B 分别为 1.40 和 1.38,具体结果见表 2-3。

(2) 每 100 m² 护面块体个数 N。测定护面块体在断面上数量 N 时,考虑到断面摆放时试验水槽内边壁对其两侧块体限制的影响,因此在水槽外采用与水槽内断面摆放时相同的条件,即采用堤心、垫层石形成 1∶1.5 和 1∶2 两种坡度断面,如图 2-16 所示。

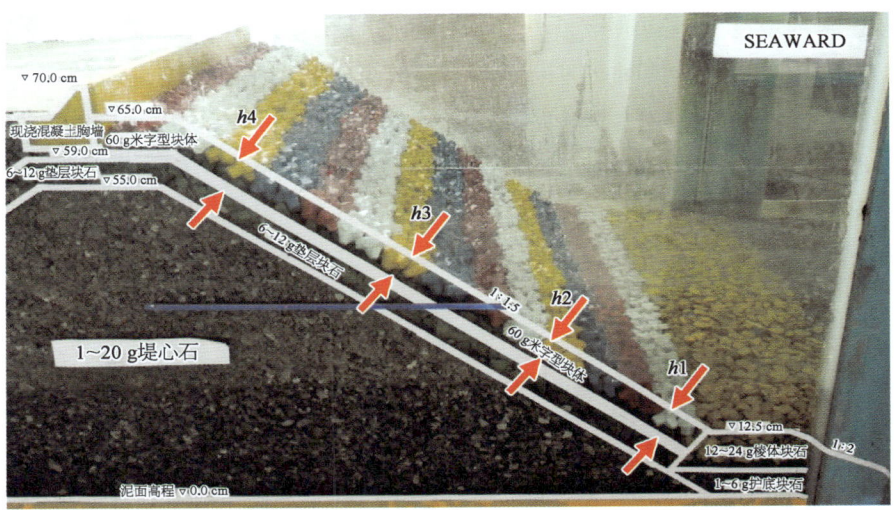

图 2-15 试验断面斜坡上厚度 h 测量示意位置

表 2-3 米字型块体形状系数 c 结果

厚度测量值	A 型				B 型			
	块体质量 $W(\times 10^{-3}$ kg$)$				块体质量 $W(\times 10^{-3}$ kg$)$			
	60	90	120	150	60	90	120	150
$h_1(\times 10^{-3}$ m$)$	4.3	4.5	5.6	5.6	4.2	4.8	5.3	5.6
$h_2(\times 10^{-3}$ m$)$	4.2	5.0	5.5	5.7	4.1	4.7	5.2	5.5
$h_3(\times 10^{-3}$ m$)$	3.8	4.6	5.3	5.8	4.3	4.6	5.0	5.6
$h_4(\times 10^{-3}$ m$)$	4.5	4.6	5.0	5.5	4.4	4.8	5.1	5.4
h 平均值$(\times 10^{-3}$ m$)$	4.20	4.68	5.35	5.65	4.25	4.73	5.15	5.53
计算形状系数 c	1.40	1.37	1.42	1.39	1.42	1.38	1.37	1.36
形状系数 c 平均值	1.40				1.38			

图 2-16 设计两种不同坡度的断面

在上述两种坡度上分别进行了 A 型、B 型的四种不同质量米字型块体随机摆放(即 $2\times2\times4=16$ 种组合)。为测量此时断面上不同数量的块体在斜坡上所占的面积,可以通过测量斜坡上纵、横排列的块体长 L 和宽 B(为了保证长 L 和宽 B 测量精度,且考虑最外侧块体姿态的影响,测量 L、B 时取最外两侧块体中心至中心之间的距离,另外,每次测量均选择每条边三个不同位置,最后求取 L、B 平均值)来得出。斜坡上排列块体长 L 和宽 B 测量示意具体如图 2-17 所示。

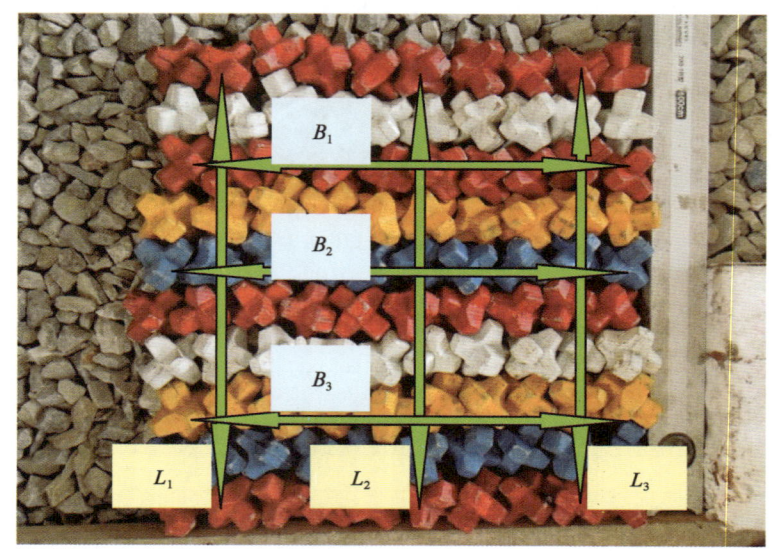

图 2-17　斜坡上块体长 L 和宽 B 的测量

在模型上不同质量米字型块体在不同坡度断面上的摆放情况如图 2-18 所示,块体所占的面积见表 2-4、表 2-5。

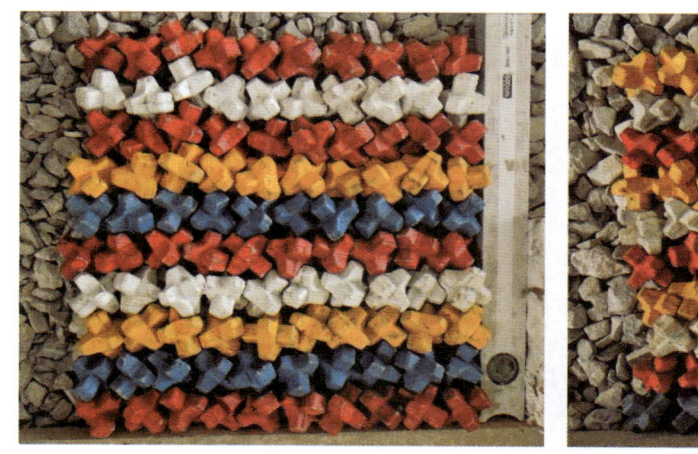

(a) 坡度1∶1.5　　　　　　　　　　　(b) 坡度1∶2

图 2-18　米字型块体在不同坡度上摆放情况

表 2-4　米字型块体 A 型块 1:1.5、1:2 坡度每 100 m² 面积安放的块体数 N 结果

类 型		1:1.5 坡度				1:2 坡度			
模 型	块体质量 $W(\times 10^{-3}$ kg)	60	90	120	150	60	90	120	150
	摆放块体数量 N	9×9=81*	9×9=81	9×9=81	8×8=64	9×9=81	9×9=81	9×9=81	8×8=64
	摆放块体长度 L(m)	0.33	0.37	0.41	0.39	0.33	0.39	0.43	0.39
	摆放块体宽度 B(m)	0.33	0.38	0.43	0.39	0.32	0.39	0.42	0.41
	摆放块体面积 S_1(m²)	0.11	0.14	0.18	0.15	0.11	0.15	0.18	0.16
原型值(采用比例尺30)	块体质量 $W(\times 10^3$ kg)	1.66	2.49	3.32	4.15	1.66	2.49	3.32	4.15
	每100 m²面积摆放块体数量 N	75.28	57.87	47.16	42.65	76.84	53.99	45.84	41.07
原型值(采用比例尺40)	块体质量 $W(\times 10^3$ kg)	3.94	5.90	7.87	9.84	3.94	5.90	7.87	9.84
	每100 m²面积摆放块体数量 N	42.35	32.55	26.52	23.99	43.22	30.36	25.79	23.10
原型值(采用比例尺50)	块体质量 $W(\times 10^3$ kg)	7.69	11.53	15.38	19.22	7.69	11.53	15.38	19.22
	每100 m²面积摆放块体数量 N	27.10	21.91	18.08	15.12	27.66	21.37	18.15	15.27

表 2-5　米字型块体 B 型块 1:1.5、1:2 坡度每 100 m² 面积安放的块体数 N 结果

类 型		1:1.5 坡度				1:2 坡度			
模 型	块体质量 $W(\times 10^{-3}$ kg)	60	90	120	150	60	90	120	150
	摆放块体数量 N	9×9=81	9×9=81	9×9=81	8×8=64	9×9=81	9×9=81	9×9=81	8×8=64
	摆放块体长度 L(m)	0.34	0.39	0.43	0.41	0.35	0.41	0.45	0.42
	摆放块体宽度 B(m)	0.35	0.39	0.44	0.417	0.34	0.42	0.43	0.42
	摆放块体面积 S_1(m²)	0.12	0.15	0.19	0.17	0.12	0.17	0.19	0.18
原型值(采用比例尺30)	块体质量 $W(\times 10^3$ kg)	1.66	2.49	3.32	4.15	1.66	2.49	3.32	4.15
	每100 m²面积摆放块体数量 N	74.04	57.20	45.07	40.75	74.13	51.09	44.53	38.88
原型值(采用比例尺40)	块体质量 $W(\times 10^3$ kg)	3.94	5.9	7.87	9.84	3.94	5.9	7.87	9.84
	每100 m²面积摆放块体数量 N	41.65	32.17	25.35	22.92	41.70	28.74	25.05	21.87
原型值(采用比例尺50)	块体质量 $W(\times 10^3$ kg)	7.69	11.53	15.38	19.22	7.69	11.53	15.38	19.22
	每100 m²面积摆放块体数量 N	26.66	21.65	17.85	15.49	26.69	20.24	17.64	15.40

为了得到块体每 100 m² 护面层安放的块体数 N，以及其与不同块体质量 W 之间的关系曲线，则将模型上测得结果按设定模型比尺分别反推至原型上，从而得到 A 型、B 型块体每 100 m² 护面层安放的块体数 N，以及每 100 m² 护面层安放的块体数 N 与不同块体质量 W 之间的关系曲线，如图 2-19、图 2-20 所示。

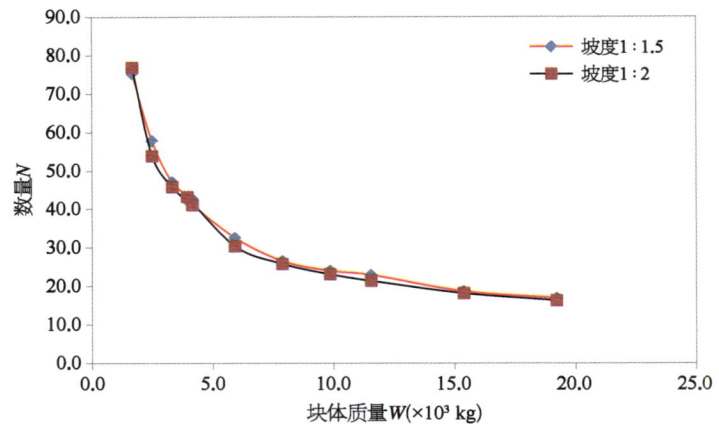

图 2-19　米字型块体 A 型块质量 W 与每 100 m² 护面层安放的块体数 N 的关系

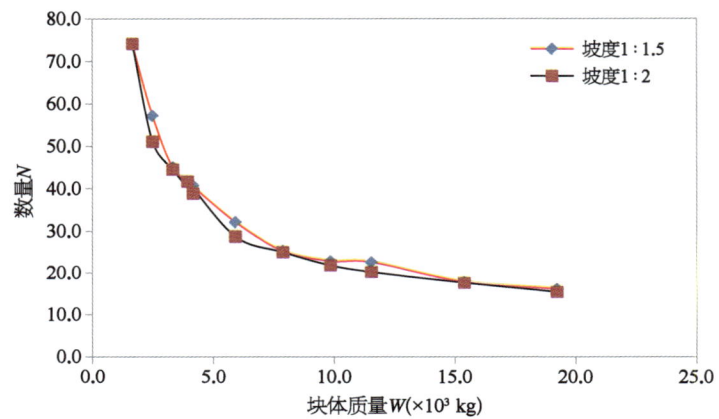

图 2-20　米字型块体 B 型块质量 W 与每 100 m² 护面层安放的块体数 N 的关系

由图 2-19、图 2-20 可知，1∶2 坡度的块体数量略多于 1∶1.5，但均在 5% 以内，说明坡度对同一种块体在每 100 m² 安放的块体数 N 影响不大。

（3）块体空隙率 P'。块体空隙率 P' 的测定，根据 JTS 154—2018 中护面块体摆放的个数计算式 $N = An'c(1-P')\left(\dfrac{0.1\gamma_b}{W}\right)^{2/3}$ 可知，当测得新块体每 100 m² 护面层安放的块体数 N 和形状系数 c 后，已知不同块体质量 W，再将规范公式进行变形即可得出块体空隙率 P' 计算式（2-14），分别可得到 A 型、B 型两种块体对应四种不同质量空隙率 P' 分别为 56.08%、52.55%、53.45%、49.68% 和 55.56%、52.27%、54.68%、50.68%，取其平均值，得到 A 型、B 型块体的空隙率分别为 $P'_A = 53.30\%$、$P'_B = 52.90\%$，具体结果见表 2-6。

$$P' = 1 - \dfrac{N}{An'c} \times \left(\dfrac{W}{0.1\gamma_b}\right)^{2/3} \tag{2-14}$$

式中　N——块体数，由表 2-4 与表 2-5 测量得到；

　　　W——单个块体的稳定质量；

γ_b——块体材料的重度,取 23.0 kN/m³;

n'——护面块体的层数,取 1;

c——块体形状系数,由表 2-3 测量得到;

A——块体所占面积,取 100 m²;

P'——护面层的空隙率。

表 2-6 米字型块体空隙率 P' 结果

厚度测量值	A 型 块体质量 $W(\times 10^{-3}$ kg)				B 型 块体质量 $W(\times 10^{-3}$ kg)			
	60	90	120	150	60	90	120	150
N_1	638	512	413	380	638	512	413	380
N_2	635	509	416	381	635	509	416	381
N_3	649	512	406	379	649	512	406	379
N_4	631	515	411	382	631	515	411	382
N 平均值	638.3	512.0	411.5	380.5	638.3	512.0	411.5	380.5
c 值见表 2-3	1.40	1.37	1.42	1.39	1.42	1.38	1.37	1.36
计算空隙率 P'(%)	55.56	52.27	54.68	50.68	56.08	52.55	53.45	49.68
空隙率平均值 P'(%)	53.30				52.90			

根据上述测定所得块体形状系数 c 和空隙率 P' 结果,采用 JTS 154—2018 中护面块体摆放的个数计算式 $N = An'c(1-P')\left(\dfrac{0.1\gamma_b}{W}\right)^{2/3}$ 来计算每 100 m² 面积块体摆放数 N,将该结果与模型上实际摆放块体数量进行比较,结果见表 2-7。通过对比可知,实际摆放块体数量比理论计算值要少,但误差在 10% 以内。

表 2-7 每 100 m² 面积块体摆放数 N 与实际摆放块体对比结果

类型	模型值 ($\times 10^{-3}$ kg)	原型值 ($\times 10^3$ kg)	每 100 m² 面积块体摆放数 N					
			1:1.5 坡度			1:2 坡度		
			实际摆放	理论计算	误差(1−实际/理论)×100%	实际摆放	理论计算	误差(1−实际/理论)×100%
A 型	60	7.50	27.10	29.07	6.76	27.66	29.24	5.39
	90	11.25	21.91	22.19	1.26	21.37	22.32	4.25
	120	15.00	18.08	18.31	1.27	18.15	18.42	1.46
	150	18.75	15.12	15.78	4.21	15.27	15.88	3.82
B 型	60	7.50	26.66	29.07	8.29	26.69	29.24	8.73
	90	11.25	21.65	22.19	2.44	20.24	22.32	9.34
	120	15.00	17.85	18.31	2.55	17.64	18.42	4.26
	150	18.75	15.49		1.86	15.88		3.01

（4）块体混凝土用量 Q。米字型块体混凝土用量 Q 的测定,同样根据 JTS 154—2018 中人工块体混凝土用量计算式:

$$Q = N \frac{W}{0.1\gamma_b} \qquad (2-15)$$

式中　Q——人工块体混凝土用量;

　　　N——块体数,由表 4.2 测量得到;

　　　W——单个块体的稳定质量;

　　　γ_b——块体材料的重度,取 23.0 kN/m³。

由上述测量得到 A 型、B 型米字型块体每 100 m² 护面层安放的块体数 N,以及已知块体质量 W,从而得到这两种块体混凝土用量 Q 与块体质量 W 的关系曲线如图 2-21、图 2-22 所示。

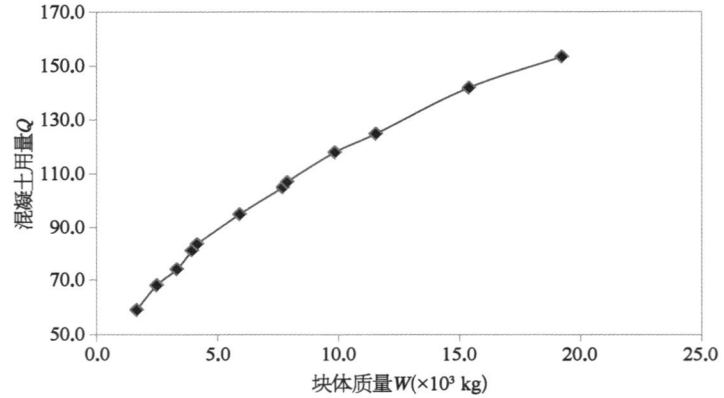

图 2-21　米字型块体 A 型块质量 W 与混凝土用量 Q 的变化关系

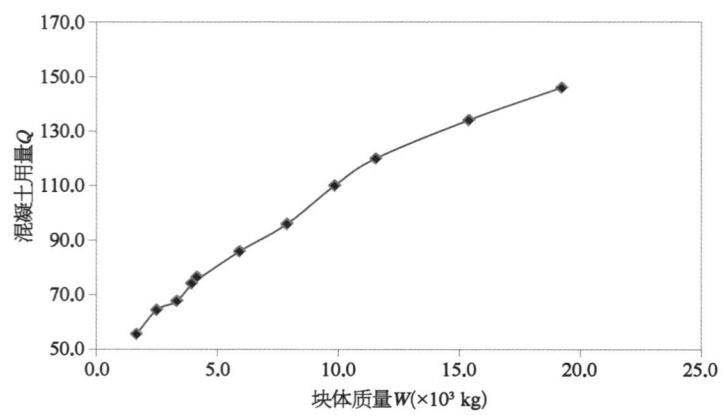

图 2-22　米字型块体 B 型块质量 W 与混凝土用量 Q 的变化关系

（5）糙渗系数 K_Δ。糙渗系数即为波浪的爬高结果,反映块体实际的消浪能力,对 K_Δ 值的测量方法为:在其迎浪侧面安放不透水板[《港口与航道水文规范》(JTS 145—2015)][51],在米字型块体两种不同材质断面下进行对比试验,两种不同材料断面的摆放情况如图 2-23 所示。分别测量相同试验条件下波浪爬高的结果,选择最低水位 0.25 m,采用规则波作用,此时试验过程中始终保持堤顶无越浪,波浪爬高见如 2-24 所示,两种不同材料波浪爬高结果见表 2-8 和表 2-9。将块体与不透水材料所测的爬高结果进行对比,即可得到 A 型、B 型块体的糙渗系数 K_Δ 分别为 0.513 和 0.494。

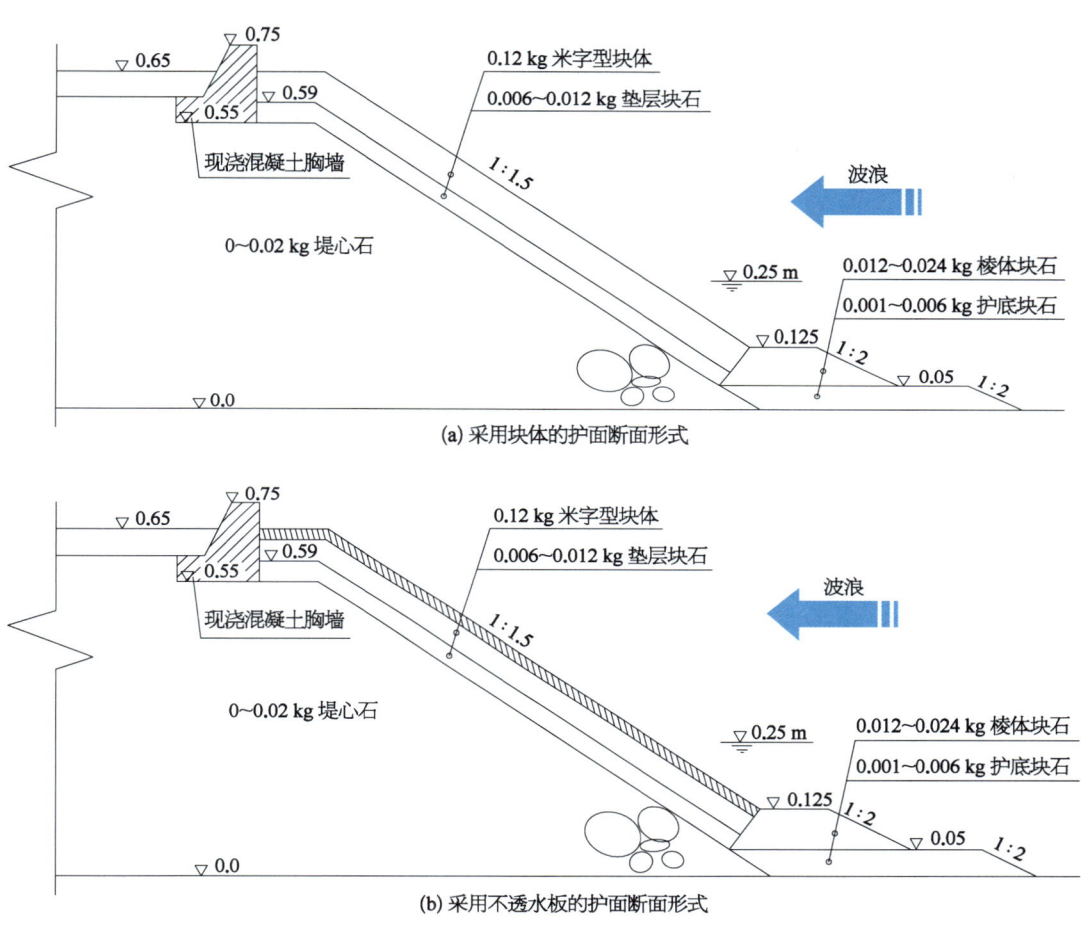

图 2-23 两种不同材料的护面断面

(6)稳定系数 K_D。新块体稳定系数 K_D 的测定同样利用 JTS 154—2018 中计算单个块体的稳定质量计算式(2-15)。在设定断面条件下,当已知块体质量 W、入射设计波高 H 时,可求得不同稳定系数下 K_D。A 型、B 型块体的稳定系数 K_D 分别见表 2-10 和表 2-11。根据表中对应结果绘制出 A 型、B 型两种块体的稳定系数 K_D 与失稳率 n 的关系曲线分别如图 2-25 和图 2-26 所示。由试验结果可知,当块体处于稳定-失稳的临界稳定状态且考虑一定的安全裕度时,两种块体的稳定系数 K_D 均为 22.2。

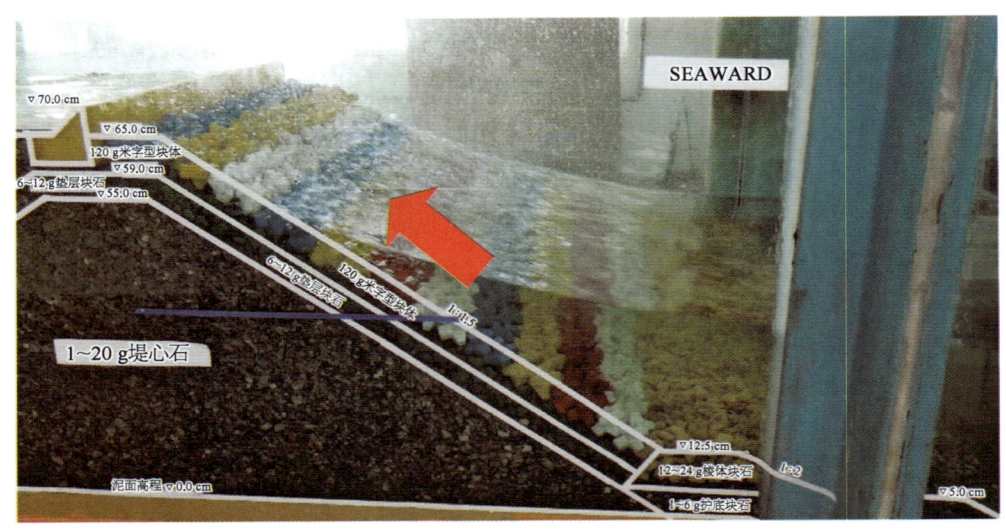

图 2-24 护面波浪爬高现象

表 2-8 米字型块体 A 型块糙渗系数 K_Δ 结果

试验组次	规则波入射波要素	爬高值(m)		糙渗系数 K_Δ		
		不透水板	米字型块体	不透水板	米字型块体 A 型块	
					实测值	平均值
①	$H_{13\%} = 0.15$ m,$\overline{T} = 1.3$ s	0.152	0.080	1.00	0.526	
②	$H_{13\%} = 0.17$ m,$\overline{T} = 1.3$ s	0.192	0.095	1.00	0.495	
③	$H_{13\%} = 0.19$ m,$\overline{T} = 1.3$ s	0.213	0.115	1.00	0.540	0.513
④	$H_{13\%} = 0.13$ m,$\overline{T} = 1.6$ s	0.140	0.068	1.00	0.486	
⑤	$H_{13\%} = 0.15$ m,$\overline{T} = 1.6$ s	0.195	0.100	1.00	0.513	
⑥	$H_{13\%} = 0.17$ m,$\overline{T} = 1.6$ s	0.250	0.130	1.00	0.520	

表 2-9 米字型块体 B 型块糙渗系数 K_Δ 结果

试验组次	规则波入射波要素	爬高值(m)		糙渗系数 K_Δ		
		不透水板	米字型块体	不透水板	米字型块体 A 型块	
					实测值	平均值
①	$H_{13\%} = 0.15$ m,$\overline{T} = 1.3$ s	0.152	0.075	1.00	0.493	
②	$H_{13\%} = 0.17$ m,$\overline{T} = 1.3$ s	0.192	0.092	1.00	0.479	
③	$H_{13\%} = 0.19$ m,$\overline{T} = 1.3$ s	0.213	0.108	1.00	0.507	0.494
④	$H_{13\%} = 0.13$ m,$\overline{T} = 1.6$ s	0.140	0.070	1.00	0.500	
⑤	$H_{13\%} = 0.15$ m,$\overline{T} = 1.6$ s	0.195	0.095	1.00	0.487	
⑥	$H_{13\%} = 0.17$ m,$\overline{T} = 1.6$ s	0.250	0.125	1.00	0.500	

表 2-10　米字型块体 A 型块 K_D 结果

试验波要素		不同块体质量条件下稳定系数 K_D、失稳率 n							
		60×10^{-3} kg		90×10^{-3} kg		120×10^{-3} kg		150×10^{-3} kg	
$H_{13\%}$(m)	T_s(s)	n(%)	K_D	n(%)	K_D	n(%)	K_D	n(%)	K_D
0.09	1.6	0.0	9.4	0.0	3.1	0.0	2.4	0.0	1.9
0.11		0.0	17.2	0.0	5.7	0.0	4.3	0.0	3.4
0.13		0.0	28.5	0.0	9.5	0.0	7.1	0.0	5.7
0.15		临界稳定	43.7	0.0	14.6	0.0	10.9	0.0	8.7
0.17		0.6	63.6	0.0	21.2	0.0	15.9	0.0	12.7
0.19		0.9	88.9	临界稳定	29.6	临界稳定	22.2	0.0	17.8
0.21		2.2	120.0	0.7	40.0	0.8	30.0	临界稳定	24.0
0.23		4.0	157.6	1.4	52.5	1.8	39.4	0.4	31.5
0.11	1.9	0.0	17.2	0.0	5.7	0.0	4.3	0.0	3.4
0.13		0.0	28.5	0.0	9.5	0.0	7.1	0.0	5.7
0.15		0.0	43.7	0.0	14.6	0.0	10.9	0.0	8.7
0.17		临界稳定	63.6	0.0	21.2	0.0	15.9	0.0	12.7
0.19		0.3	88.9	0.0	29.6	0.0	22.2	0.0	17.8
0.21		1.8	120.0	临界稳定	40.0	临界	30.0	0.0	24.0
0.23		3.7	157.6	0.5	52.5	0.3	39.4	临界稳定	31.5
0.25		5.0	202.4	1.7	67.5	1.1	50.6	0.3	40.5
最终块体 K_D		当块体处于临界稳定状态时,块体的稳定系数 K_D 为 22.2~63.6,考虑一定裕度时 K_D 取 22.2							

表 2-11　米字型块体 B 型块 K_D 结果

试验波要素		不同块体质量条件下稳定系数 K_D、失稳率 n							
		60×10^{-3} kg		90×10^{-3} kg		120×10^{-3} kg		150×10^{-3} kg	
$H_{13\%}$(m)	T_s(s)	n(%)	K_D	n(%)	K_D	n(%)	K_D	n(%)	K_D
0.09	1.6	0.0	9.4	0.0	3.1	0.0	2.4	0.0	1.9
0.11		0.0	17.2	0.0	5.7	0.0	4.3	0.0	3.4
0.13		0.0	28.5	0.0	9.5	0.0	7.1	0.0	5.7
0.15		临界稳定	43.7	0.0	14.6	0.0	10.9	0.0	8.7
0.17		0.1	63.6	0.0	21.2	0.0	15.9	0.0	12.7
0.19		0.8	88.9	临界稳定	29.6	临界稳定	22.2	0.0	17.8
0.21		1.5	120	0.2	40.0	0.4	30.0	临界稳定	24.0
0.23		3.0	157.6	1.0	52.5	0.9	39.4	0.1	31.5

(续表)

试验波要素		不同块体质量条件下稳定系数 K_D、失稳率 n							
		$60×10^{-3}$ kg		$90×10^{-3}$ kg		$120×10^{-3}$ kg		$150×10^{-3}$ kg	
$H_{13\%}$ (m)	T_s (s)	n (%)	K_D	n (%)	K_D	n (%)	K_D	n (%)	K_D
0.11	1.9	0.0	17.2	0.0	5.7	0.0	4.3	0.0	3.4
0.13		0.0	28.5	0.0	9.5	0.0	7.1	0.0	5.7
0.15		0.0	43.7	0.0	14.6	0.0	10.9	0.0	8.7
0.17		临界稳定	63.6	0.0	21.2	0.0	15.9	0.0	12.7
0.19		0.2	88.9	0.0	29.6	0.0	22.2	0.0	17.8
0.21		0.9	120	临界稳定	40.0	临界稳定	30.0	0.0	24.0
0.23		2.6	157.6	0.6	52.5	0.1	39.4	临界稳定	31.5
0.25		3.5	202.4	1.0	67.5	0.8	50.6	0.2	40.5
最终块体 K_D		当块体处于临界稳定状态时,块体的稳定系数 K_D 为 22.2～63.6,考虑一定裕度时 K_D 取 22.2							

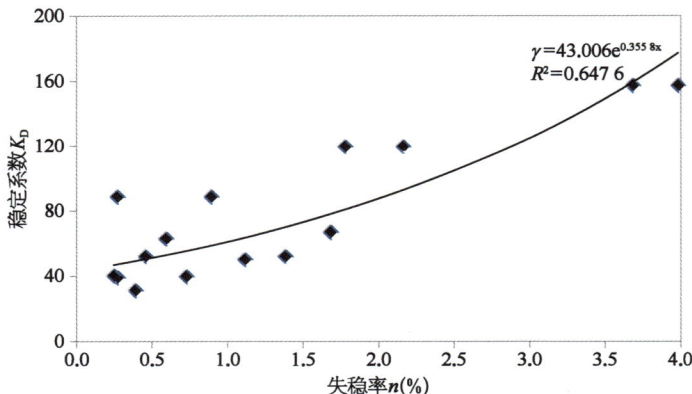

图 2-25 米字型块体 A 型块稳定系数 K_D 与失稳率 n 的关系

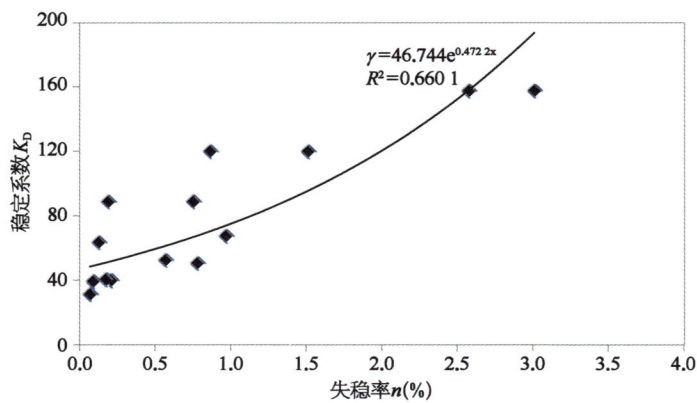

图 2-26 米字型块体 B 型块稳定系数 K_D 与失稳率 n 的关系

$$K_D = 0.1 \frac{\gamma_b H^3}{W(S_b - 1)^3 \cot\alpha} \qquad (2-16)$$

$$S_b = \frac{\gamma_b}{\gamma}$$

式中　W ——单个块体的稳定质量；

　　　γ_b ——块体材料的重度，取 23.0 kN/m³；

　　　γ ——水的重度，取 10.25 kN/m³；

　　　H ——设计波高；

　　　K_D ——块体稳定系数；

　　　α ——斜坡与水平面的夹角。

（7）A 型、B 型两种块体试验结果对比见表 2-12，由表中结果可知：从 c、P'、N 和 Q，以及 K_Δ 等方面比较，B 型优于 A 型；另外通过稳定性结果得到，B 型块体失稳率小于 A 型。考虑到块体经济性、消浪效果和稳定性等方面，选择 B 型作为米字型块体的最终形状。

表 2-12　米字型块体 A、B 型块对比结果

对比项目	A 型	B 型	备　注
体积 V	$0.229h^3$	$0.229h^3$	两者均相同
c	1.40	1.38	
P'	53.3	52.9	
N（以 120×10^{-3} kg 块体为例）	18.73	18.62	A 型大于 B 型
Q（以 120×10^{-3} kg 块体为例）	122.16 m³	121.44 m³	
K_Δ	0.513	0.494	消浪效果 A 型差于 B 型
K_D	22.2~63.6	22.2~63.6	A、B 型两者相差不大，但在均失稳的条件下，则 B 型失稳率略小于 A 型

2）消浪块体摆放方式分析

米字型块体是由随机单层摆放人工勾连型块体演变而成的，因此块体在工程应用过程中仍主要采用随机摆放的方式。但在国内一些护岸、渔港码头防护和考虑景观效果的人工岛工程中会采用规则摆放，如扭王字块体的规则摆放。图 2-27 为实际工程中扭王字块体的规则摆放情况，针对此类情况，团队在模型上对米字型块体的规则摆放适用性进行了试验研究。

针对新块体形状特点，以及在实际工程应用中能便于施工操作，模型上提出了两种不同的规则摆放方式。

图 2-27　某近岸工程中扭王字块体的规则摆放

图 2-28　某渔港工程中扭王字块体的规则摆放

（1）规则摆放方式 1。由断面坡脚起，第一排块体中间杆与防波堤轴线成 45°夹角，第二排块体中间杆按逆时针旋转 90°（即与防波堤轴线成 135°夹角）摆放，如图 2-29 所示，如此摆放使相邻两排块体间相互咬合，降低块体失稳风险，这一点明显区别于扭王字块体的两排块体间存在通缝。在各水位波浪作用下，通过试验观测可得，由于这种规则摆放，块体间存在明显的咬合力，块体失稳时的波高与其随机安放时失稳时的波高几乎差不多。另外，通过试验也发现规则摆放的块体其失稳位置主要集中在坡顶拐角，块体失稳形态如图 2-30 所示，失稳主要原因仍是块体间勾连脱节。斜坡上块体在波浪作用下，本身存在位移，从而使拐角位置勾连性相对较弱位置的块体松开而形成单个块体，最后出现失稳。

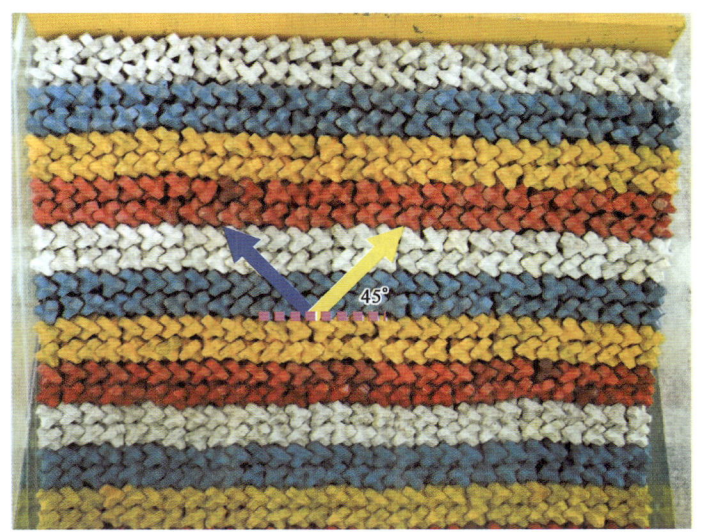

图 2-29 米字型块体规则摆放方式 1

图 2-30 坡顶拐角位置脱开失稳

(2) 规则摆放方式 2。仍由断面坡脚起,第一排中间杆与防波堤轴线成 45°夹角,第二排块体中间杆按逆时针转 45°(即与防波堤轴线成 90°夹角),使相邻两排块体间相互咬合。垫层形式与摆放方式 1 相同,即采用堤心石中质量大的块石抛填在最外侧。规则摆放方式 2 在断面上的摆放如图 2-31 所示。与摆放方式 1 对比,在各水位波浪作用下,虽然块体失稳的位置仍集中在坡顶拐角的位置(图 2-32),不过块体失稳时的波高增加,同时失稳程度略好于摆放方式 1。试验结果见表 2-13。

图 2-31 米字型块体规则摆放方式 2

图 2-32 坡顶拐角位置脱开失稳

表 2-13 米字型块体规则摆放与随机摆放对比结果

试验波要素		规则摆放方式 1	规则摆放方式 2	随机摆放	每 100 m² 摆放块体数量 N
$H_{13\%}$ (m)	T_s (s)	n (%)	n (%)	n (%)	
0.09	1.6	0.0	0.0	0.0	摆放方式 1、摆放方式 2 分别比随机摆放增加 12.8% 和 18.5%
0.11		0.0	0.0	0.0	
0.13		0.0	0.0	0.0	
0.15		0.0	0.0	临界稳定	
0.17		临界稳定	临界稳定	0.59%	
0.19		拐角位置块体有脱开,失稳率 1.68%	拐角位置块体有脱开,失稳率 1.12%	1.89%	

通过上述试验可知,米字型块体的稳定性较好。为进一步了解该块体采用规则摆放时的消浪护面效果,将上述规则摆放试验结果与相同条件下随机摆放试验结果进行对比,具体见表 2-13。通过表中试验结果可知,在相同波高作用下,规则摆放的块体稳定性要略好于随机摆放,因此表明米字型块体是适合规则摆放的。但因摆放方式的固有特性,相同面积的规则摆放块体数量比随机摆放多 10%~20%。

3) 米字型块体特性研究

(1) 块体失稳机理与分析。选择测试性能最优的米字型块体 B 型块,考虑到需要一定的失稳率,块体质量选择为 60×10^{-3} kg,随机摆放方式,对块体的失稳机理进行试验分析。

通过试验观测发现,块体失稳机理主要为波浪冲击块体时,部分水体沿堤坡上爬,另外部分水体透过块体;在波浪沿坡面下落时,堤体内部水体也向外渗出,此时堤内水体外流时形成水流对块体的浮托力,块体因浮托力过大而失重被挤出,失去勾连,从而导致块体失稳。另外,经上述不同试验条件下失稳的结果可知,块体失稳规律、破坏形态基本一致,且失稳范围主要集中在静水位附近。块体失稳现象如图 2-33、图 2-34 所示。

图 2-33 静水位附近块体被挤脱后滚落至海侧

(2) 坡度 m 对块体稳定性影响。依据 JTS 154—2018 中计算单个块体稳定质量的 Hudson 计算公式可知,块体的稳定质量与坡度 m 成反比,即坡度越缓,要求的稳定质量越小。但是参考国内外其他一些研究成果分析来看,对于依靠嵌固摆放的块体如四脚空心方块体、条石和螺母块体等都有斜坡坡度越陡反而越稳定的特性,对于传统单层勾连块体也不是块体稳定质量随坡度变缓而变小。例如,扭王字块体护面在约 4:3 的坡度咬合最稳定。

图 2-34 同一位置块体滚落数量增加

因此,为了解单层摆放米字型块体与断面坡度 m 的关系,模型上分别设计了 1∶1.25、1∶1.5、1∶2、1∶3 四种不同坡度的试验,在不同入射波浪作用下,分别测定其坡度 m 和块体失稳率 n、稳定系数 K_D,具体见表 2-14 和图 2-35。

表 2-14 不同坡度 m 下的失稳率 n、极限波高试验结果

试验水位 (m)	试验波要素		不同坡度 m							
			1∶1.25		1∶1.5		1∶2		1∶3	
	$H_{13\%}$(m)	T_s(s)	n(%)	K_D	n(%)	K_D	n(%)	K_D	n(%)	K_D
0.35	0.09	1.6	0.0	11.3	0.0	9.4	0.0	7.1	0.0	4.7
	0.11		0.0	20.7	0.0	17.2	0.0	12.9	临界稳定	8.6
	0.13		临界稳定	34.2	0.0	28.5	0.0	21.3	0.8	失稳
	0.15		0.3	失稳	临界稳定	43.7	临界稳定	32.8	1.5	失稳
	0.17		1.2	失稳	0.6	失稳	3.7	失稳	4.1	失稳
	0.09	1.9	0.0	11.3	0.0	9.4	0.0	7.1	0.0	4.7
	0.11		0.0	20.7	0.0	17.2	0.0	12.9	临界稳定	8.6
	0.13		0.0	34.2	0.0	28.5	0.0	21.3	0.5	14.2
	0.15		0.3	失稳	0.0	43.7	临界稳定	32.8	1.0	21.9
	0.17		0.9	失稳	临界稳定	63.6	0.8	失稳	1.4	失稳

由图 2-35 可知,米字型块体的稳定性既不是在斜坡坡度越陡时越好,也不是越缓越好,而是当坡度在 1∶1.5~1∶2 范围时其稳定性最佳。在波浪作用下,米字型块体在不同坡度的失稳情况如图 2-36 所示。

(3) 周期 T 对块体稳定性影响。对于入射波浪周期 T 对米字型块体稳定性的影响,在 JTS 154—2018 中的单个块体稳定质量 Hudson 计算式中未考虑,但在苏联建筑设计规

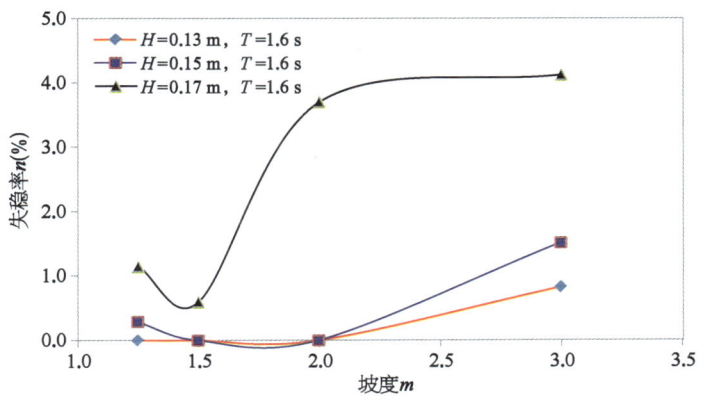

图 2-35 坡度 m 与失稳率 n 的变化关系

(a) 1∶3 坡度的块体失稳情况　　　　　(b) 1∶1.5 坡度的块体失稳情况

图 2-36 不同坡度的块体失稳情况

范中的计算块重的公式 $W=\dfrac{\mu\gamma_s H^3}{(s-1)^3\sqrt{1+m^3}}\times\dfrac{L}{H}$ 中有所考虑。近年来的研究也表明,并非波陡越小(即波周期越长)所需块体的稳定质量越大。

为研究不同入射波浪周期 T 对块体稳定性的影响,模型上分别设计了周期 1.0 s、1.3 s、1.6 s、1.9 s 四种不同周期试验,同时引入了伊里巴伦(Iribarren)数 ξ(一般称"破波参数"),分析块体失稳率与破波参数 ξ 及波周期 T 间的关系,以揭示波周期的影响规律。破波参数 ξ 的表达式如下:

$$\xi=\sqrt{\dfrac{g}{2\pi}}\times\dfrac{\tan\alpha}{\sqrt{H_{1/3}}}\times T \qquad (2-17)$$

式中　ξ——破波参数;
　　　α——斜坡的坡角;
　　　T——波浪周期。

利用式（2-16）$\xi = \sqrt{\dfrac{g}{2\pi}} \times \dfrac{\tan\alpha}{\sqrt{H_{1/3}}} \times T$ 对试验数据进行无量纲分析，各试验工况 ξ 的值见表 2-15，并在图 2-37、图 2-38 中点绘出失稳率 n 与波周期 T 及破波参数 ξ 的变化关系。

表 2-15　不同周期作用下块体失稳率 n 和 ξ 值结果

试验波要素		波陡	水位	$n(\%)$	K_D	ξ
$H_{13\%}$(m)	T_s(s)					
0.07	1.0	1/20	0.35	0.0	4.4	3.15
0.09		1/16	0.35	0.0	9.4	2.78
0.11		1/13	0.35	0.0	0.0	2.51
0.12		1/12	0.35	0.0	0.0	2.40
0.13		1/11	0.35	临界稳定	0.0	2.31
0.15		1/10	0.35	0.1	43.7	2.15
0.17		1/8	0.35	0.5	63.6	2.02
0.19		1/5	0.35	1.6	88.9	1.91
0.07	1.3	1/30	0.35	0.0	4.4	4.09
0.09		1/23	0.35	0.0	9.4	3.61
0.11		1/20	0.35	0.0	0.0	3.26
0.12		1/17	0.35	临界稳定	0.0	3.12
0.13		1/16	0.35	0.1	0.0	3.00
0.15		1/14	0.35	0.3	43.7	2.79
0.17		1/12	0.35	0.8	63.6	2.63
0.19		1/11	0.35	2.4	88.9	2.48
0.07	1.6	1/38	0.35	0.0	4.4	5.04
0.09		1/30	0.35	0.0	9.4	4.44
0.11		1/25	0.35	0.0	0.0	4.02
0.12		1/23	0.35	0.0	0.0	3.85
0.13		1/21	0.35	0.0	0.0	3.69
0.15		1/18	0.35	临界稳定	43.7	3.44
0.17		1/16	0.35	0.6	63.6	3.23
0.19		1/14	0.35	0.9	88.9	3.06
0.07	1.9	1/47	0.35	0.0	4.4	5.98
0.09		1/35	0.35	0.0	9.4	5.27
0.11		1/30	0.35	0.0	0.0	4.77
0.12		1/25	0.35	0.0	0.0	4.57
0.13		1/26	0.35	0.0	0.0	4.39
0.15		1/22	0.35	0.0	43.7	4.08
0.17		1/20	0.35	临界稳定	63.6	3.84
0.19		1/18	0.35	0.3	88.9	3.63

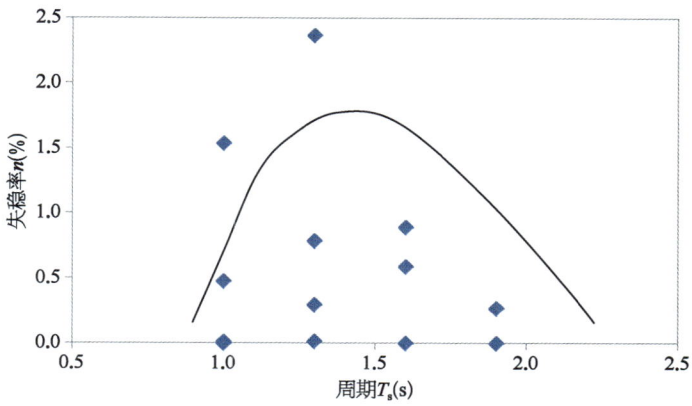

图 2-37 新块体周期 T_s 与失稳率 n 的变化关系

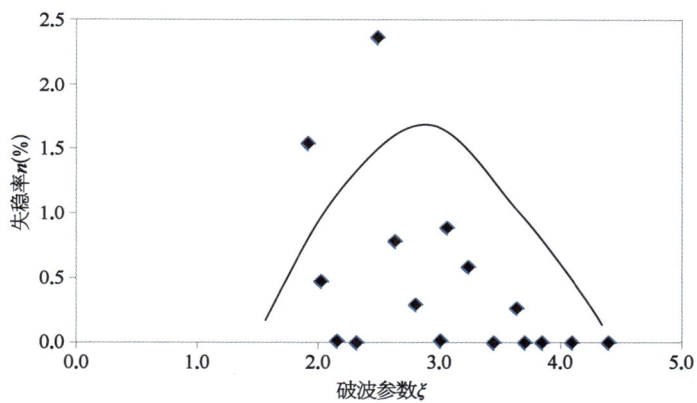

图 2-38 新块体破波参数 ξ 与失稳率 n 的变化关系

由图 2-37、图 2-38 可知,在周期较小时,失稳率随周期增大而增大,在波周期 1.3 s (原型值为 9.19 s)附近失稳率达到最大值,而后随着周期的增大而减小。从研究的结果看,波陡为 1/11 左右的波浪对防波堤护面块体的稳定性最为不利,该波浪能量最大,破坏性最强。从图中还可以看出,块体失稳率 n 随着破波参数 ξ 的增大先增后减,当 ξ 约为 3.0 时,对应的 n 最大。因破波参数 ξ 与波周期成正比,所以失稳率 n 与 ξ 的关系反映了块体稳定性随波周期的变化规律。

(4) 堤前水深 d 对块体稳定性影响。在 JTS 154—2018 中的单个块体稳定质量 Hudson 计算式中未考虑堤前水深 d 的影响。对于水深对块体稳定性的影响研究,模型上分别设计了 0.25 m、0.35 m、0.45 m 三组不同水深的试验,在不同波浪作用下并保证堤顶不越浪的情况下,测量不同水深条件下块体失稳率 n 和极限波高 H,试验结果见表 2-16 和图 2-39 所示。

表 2-16 不同堤前水深 d 下失稳率 n 和极限波高 H 试验结果

试验波要素		不同水深					
		0.25 m		0.35 m		0.45 m	
$H_{13\%}$ (m)	T_s (s)	n (%)	K_D	n (%)	K_D	n (%)	K_D
0.09	1.3	0.0	9.4	0.0	9.4	0.0	9.4
0.11		0.0	17.2	0.0	17.2	0.0	17.2
0.13		0.0	28.5	临界稳定	28.5	临界稳定	28.5
0.15		临界稳定	43.7	0.3	43.7	0.6	43.7
0.17		0.6	63.6	0.8	63.6	0.9	63.6
0.19		2.0	88.9	2.4	88.9	2.4	88.9
0.09	1.6	0.0	9.4	0.0	9.4	0.0	9.4
0.11		0.0	17.2	0.0	17.2	0.0	17.2
0.13		临界稳定	28.5	0.0	28.5	临界稳定	28.5
0.15		0.7	43.7	临界稳定	43.7	0.8	43.7
0.17		0.8	63.6	1.6	63.6	1.1	63.6

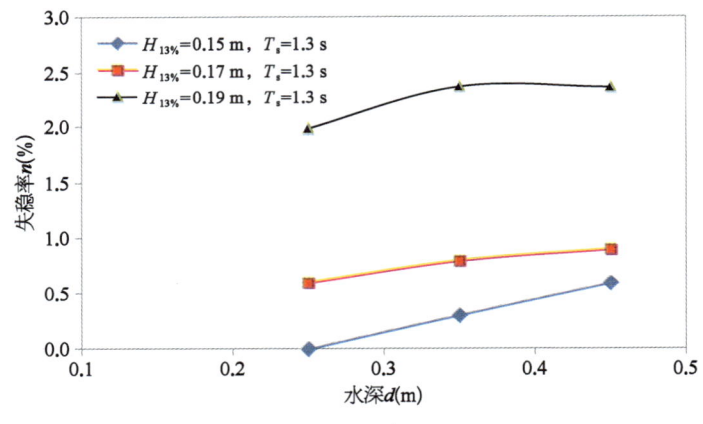

图 2-39 水深 d 与失稳率 n 的关系

由图 2-39 可知，块体的稳定性与水深变化存在一定的影响，从块体失稳率结果和试验现象观测发现，在水深 0.35 m 时，即水位约位于断面高度一半时对稳定性影响最大，而其他两个水位则影响相对较小，分析主要原因为低水位波浪破碎和高水位波浪直接越过护面块体。

4）新块体与现有块体对比试验

由于扭王字块体是目前国内外常用、公认性能较好的一种单层安放勾连性块体，因此对米字型块体和扭王字块体这两种块体分别采用单层随机摆放和规则摆放两种情况进行对比论证。

(1) 随机摆放。在相同的波浪条件下,考虑到需要一定的失稳率,因此选择块体质量均为 60×10^{-3} kg,对比内容包括块体设计参数、堤前反射消能效果和块体安装难易程度,对比结果见表 2-17。

表 2-17 米字型块体与扭王字块体对比结果

对比项目	米字型块体	扭王字块体	对比小结
块体体积 V	$0.229h^3$(h 为块体边长,下同)	$0.265h^3$(B型)/ $0.330h^3$(A型)	在相同块体质量条件下,米字型块体体积小于扭王字块体,从而有利于节省混凝土和降低工程造价
形状系数 c	1.40	1.30	米字型块体略大于扭王字块体
空隙率 P'(%)	53.30	50.0	
安放数量 N(每 100 m²,10×10^3 kg 块体)	24.54	30	米字型块体混凝土用量比扭王字块减少约为 18.2%,从而有利于降低工程造价
护面层的混凝土用量 Q(每 100 m²)	106.70 m³	130.43 m³	
糙渗系数 K_Δ	0.494	0.47	米字型块体略大于扭王字块体,从消浪效果角度来看两者基本相同
堤前反射系数(在相同斜坡堤坡度、入射波条件)	1.36	1.32	
设计计算块体稳定质量推荐的 K_D	22.2	18.0	相同波高作用下,米字型块体质量小于扭王字块体
安放难易程度	容易随机摆放,在模型断面上,块体无论怎么安放都很容易三个点着地,从而达到稳定,且中间杆迎着入射波浪有利击碎波浪	容易随机摆放,但根据目前现场施工经验得出施工时需要注意的要点:块体的一半杆件与垫层接触,相邻的扭王字块体摆放姿势不能相同,且不准大面积相接和平行摆放	从模型摆放情况来看,米字型块体优于扭王字块体

通过表中结果可知,从工程造价、安装难易程度来看,米字型块体优于扭王字块体;从消浪效果上来看,两者相差不大;米字型块体和扭王字块体随机摆放情况如图 2-40 和图 2-41 所示。

(2) 规则摆放。

① 扭王字块体。参照实际工程中扭王字块体规则摆放的方式(中间杆向海侧),其规则摆放情况如图 2-42 所示。

在波浪作用下,规则摆放的扭王字块体在静水位附近很快被吸出并隆起,随后失稳,块体失稳形式如图 2-43 所示。通过试验观测到块体失稳机理为:当波浪冲击护面块体时,部分水体沿堤坡上爬,部分水体则透过块体渗入堤内;随着波浪迅速沿坡面下落,堤体内部水体也向外渗出,此时由于规则块体间缝隙较小,堤内水体外流形成对块体的浮托力,最终因浮托力过大,块体挤脱而出,从而导致块体失稳,如图 2-44 所示,试验结果见表 2-18。

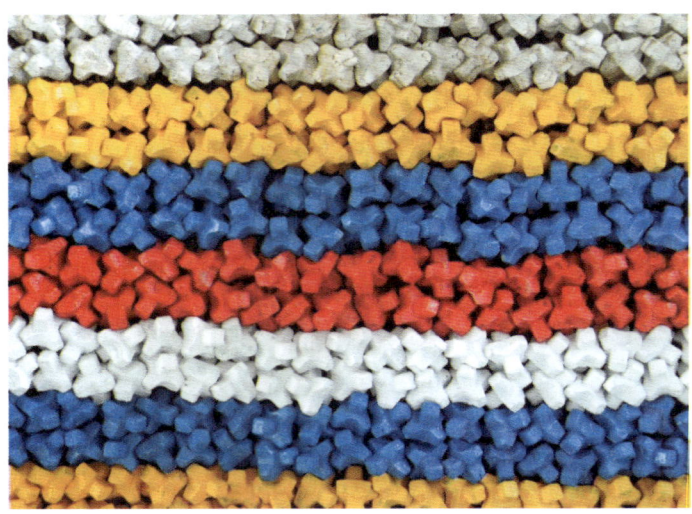

图 2-40　米字型块体随机摆放情况

图 2-41　扭王字块体随机摆放情况

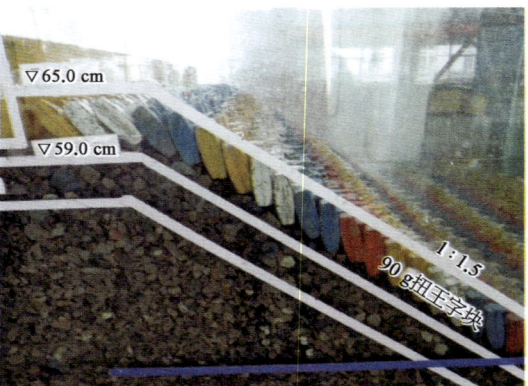

图 2-42　扭王字块体规则摆放情况

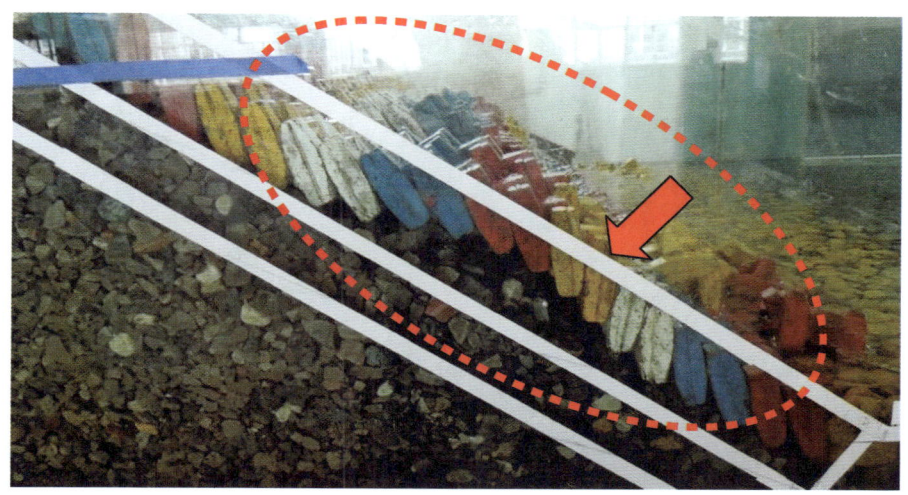

图 2-43　块体被吸出隆起失稳

图 2-44　水体下降时扭王字块块体被挤脱隆起的瞬间

② 新型米字型块体。

规则摆放方式 1：通过试验观测可得，在各水位波浪作用下，这种规则摆放可使块体间存在明显的咬合力，但由于块体过密、不透水而会出现隆起现象，通过试验也发现规则摆放块体失稳的位置主要集中在坡顶拐角，即块体勾连最薄弱的区域，块体失稳形态如图 2-45 所示。失稳的主要原因仍是块体间勾连脱节后斜坡上块体在波浪作用下存在位移调整，从而使拐角位置勾连性本来相对薄弱的块体松开而形成单个块体，最后出现失稳。总体对比发现其块体失稳的极限波高要远高于现有扭王字块体规则摆放的失稳波高。

规则摆放方式 2：通过试验观测可得，在各水位波浪作用下，该摆放方式与摆放方式 1 相比，虽然失稳块体的位置仍集中在坡顶拐角的位置（图 2-46），但块体失稳时的极限波高增加，同时失稳程度略好于摆放方式 1。

图 2-45 坡顶拐角位置脱开失稳状态

图 2-46 坡顶拐角位置脱开失稳

以上两种摆放方式的试验结果见表 2-18。

表 2-18 块体规则摆放时米字型块体与扭王字块体试验结果对比

试验波要素		块体类型		
		扭王字块体	米字型块体	
			摆放方式 1	摆放方式 2
$H_{13\%}$(m)	T_s(s)	失稳率 n(%)	失稳率 n(%)	失稳率 n(%)
0.09	1.6	0.0	0.0	0.0
0.11		块体隆起失稳	0.0	0.0
0.13		块体隆起,垫层石被淘刷	0.0	0.0
0.15			0.0	0.0

(续表)

试验波要素		块体类型		
		扭王字块体	米字型块体	
			摆放方式 1	摆放方式 2
$H_{13\%}$(m)	T_s(s)	失稳率 n(%)	失稳率 n(%)	失稳率 n(%)
0.17	1.6	块体隆起,垫层石被淘刷	临界稳定	临界稳定
0.19			4.68（拐角位置块体脱开）	3.12（拐角位置块体脱开）

由表 2-18 结果可知,米字型块体无论采取规则摆放方式 1 还是规则摆放方式 2,其稳定性均好于扭王字块体。

综上所述,与扭王字块体比较可得:米字型块体在安装难易程度及经济性等方面均优于扭王字块体;消浪效果方面两者相差不大。

在米字型块体的研发过程中,可以得出以下结论:

(1) 通过将 Xbloc 块体和扭王字块体各自优点相结合,研发出米字型块体。

(2) 由试验研究得到米字型块体设计参数即形状系数 c、块体空隙率 P'、糙渗系数 K_Δ、块体稳定系数 K_D,以及每 100 m² 安放块体个数 N 和混凝土用量 Q 与块体质量 W 关系;通过以上参数的研究试验对米字型块体形状进行优化,得到最终块体即米字型块体 B 型块。

(3) 探究了米字型块体的消浪、失稳机理的规律:

① 块体摆放坡度不是越陡越好,也不是越缓越好,设计时采用 1∶1.5～1∶2 的坡度较为合适。

② 波周期对稳定性有一定影响,即在周期较小时,失稳率随周期增大而增大,在波周期为 1.3 s(原型值为 9.19 s)附近失稳率达到最大值,而后随着周期的增大而减小。

③ 堤前水深存在一定的影响,在水位约位于断面高度的一半时对稳定性影响最大。

(4) 米字型块体杆件都集中在中间,可减小在波浪冲击作用下因块体间相互碰撞而导致的杆件断裂;可采用随机和规则摆放,相同波浪作用下,规则摆放的块体稳定性要好于随机摆放,但同样条件下规则摆放数量比随机摆放增加 10%～20%。

(5) 通过米字型块体与扭王字块体对比得出,在安装难易程度及经济性等方面,前者优于后者;消浪效果方面,两者相差不大。

2.3 米字型块体在大比尺波浪水槽的应用

2.3.1 概述

米字型块体于 2015 年获得国家专利局颁发的实用新型应用证书。块体的具体应用是对该块体研发的继续和深化,因此,结合天科院水运工程应用基础技术实验室建设的需要,将米字型块体应用在原生态大比尺波浪水槽消波段,发挥其消浪消波作用。水槽平面布置如图 2-47 所示。

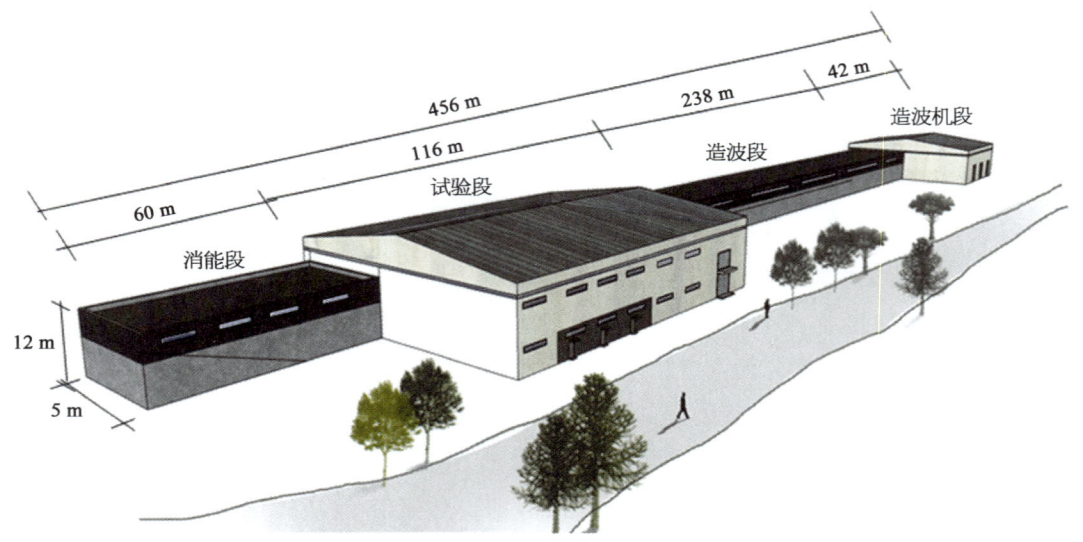

图 2-47 原生态大比尺波浪水槽平面布置

对于大比尺波浪水槽,由天科院于 2007 年 6 月开始开展本项目的前期论证工作;2008 年 6 月 11 日在北京召开了"交通运输部天津水运工程科学研究院水运工程应用基础技术实验室建设"专家咨询会,会议邀请了 8 位国内知名专家,专家一致认同该项目的必要性、紧迫性;2008 年 8 月天科院委托中交水运规划设计院有限公司承担编制本项目的项目建议书;2014 年 7 月,天科院大比尺波浪水槽建成并投入使用,是目前世界上造波能力最强、功能最齐全的大比尺波浪水槽,能进行 1∶5～1∶1 的大比尺模型试验,最大限度地消除比尺效应,还原更为真实的物理过程。

原生态大比尺波浪水槽(简称"大比尺波浪水槽")设计总长度 456 m,宽 5 m,最深处深 12 m,如图 2-47 和图 2-48 所示。按波浪的形成、试验、消波等,分为造波段、试验段、消能段。其中试验段水槽深 12 m,从底面开始设有 4 m 高的铺沙坑,标准试验水深为 5 m,从静水面到水槽顶端的高度为 3 m。水槽采用半地下式,露出地表的高度为 2 m。

大比尺波浪水槽造波装置采用活塞式造波板,用电动机带动齿轮和齿条来驱动,电动机采用交流伺服电机(260 kW×6 台)。造波板的前后都注水,采用背面平衡方式,其中心位置可移动,背面距离取波长的 1/4 左右,这样板背面的水面只会上下移动,板面受力单一,受波能量影响较小。对于短周期的波浪来说,由于所需造波能量不是很大,允许背面造波,但需设置消波装置。造波装置的最大冲程为±4 m,采用位移控制,并且可以利用造波板前面的波高计所采集的波高信息进行吸收式造波。

大比尺波浪水槽造波机设计造波板深 11 m、宽 5 m,可生成规则波和常见谱型的不规则波,其设计造波能力为规则波最大波高,为 3.5 m,波浪周期范围为 2～10 s。另外,对于较长周期的海啸波、孤立波等可采用专门的控制程序实现。

大比尺波浪水槽环流装置由水泵、管路、廊道和控制设备组成。环流水路与水槽平行,长约 100 m、宽 1.5 m、高 8.5 m。其中水泵部分的宽度为 2 m。环流水路的中央设置 4 台 220 kW 的轴流可动翼式水泵,通过螺旋桨桨叶倾斜角的变化来调节流量,正流方向最大流速为 1 m/s,流量为 20 m³/s,逆流方向的最大流速是正流方向的 70%。进出水口经过试验验证采用底部出流方案,进出水口闸门采用油压式结构。

大比尺波浪水槽铺砂段位于水槽试验段部分,铺砂段长 100 m,砂层厚度为 4 m,铺砂段顶面距离水槽顶面为 8 m。沉砂坑位于水槽试验段后面,用于收集试验中水体所夹带的砂。铺砂段可以进行海洋地基冲刷、沙质地基液化等方面的模拟。

另外,大比尺波浪水槽还配备了高精度波高传感器、大量程压力传感器、大量程六分力传感器、单点及剖面流速仪、水下高清摄像机、六分量位移传感器、三维地形扫描仪、越浪量自动测量仪等先进的测量仪器和设备。

世界上已经建成的大比尺波浪水槽主要有日本横须贺港湾空港研究所大规模波动地基水槽、德国汉诺威大学水槽、中国台湾成功大学水槽、荷兰代尔夫特水力研究所水槽、中国天科院大比尺波浪水槽等,其主要尺度见表 2-19。

表 2-19 世界著名大比尺波浪水槽尺度一览

所在地	长度(m)	最大深度(m)	宽度(m)	造波能力(m)
德国汉诺威大学	330	7.0	5.0	2.5
中国台湾成功大学	300	5.0	5.0	1.5
荷兰代尔夫特水力研究所	233	7.0	5.0	2.5
日本横须贺港湾空港研究所	185	11.0	3.5	3.5
日本东京电力中央研究所	180	6.0	3.4	2.0
美国俄勒冈州立大学	104	4.6	3.7	1.3
俄罗斯彼得堡水力研究所	110	7.5	4.0	2.0
西班牙加泰罗尼亚理工大学	100	5.0	3.0	1.6
中国天津水运工程科学研究院	450	12.0	5.0	3.5

米字型块体的制作和在大比尺波浪水槽消波段的安放情况如图 2-48 和图 2-49 所示。

2.3.2 大比尺波浪水槽

大比尺波浪水槽作为国际领先的水运工程基础理论研究设施,是适应水运交通现代化要求、配置先进、功能齐全、资源共享的水运工程科技创新平台,是技术创新、重大技术突破、高层次人才培养和国际交流的基地,其应用主要包括如下几方面:

(1) 突破比尺效应,进行基础理论研究,为数学模型、理论分析提供依据。比尺效应产

图 2-48 米字型块体的制作

图 2-49 米字型块体在消波段安放情况

生于利用不同的相似准则模拟原型的过程。例如,由重力因素控制的波浪运动,在海岸工程中的比尺模型通常选择弗劳德相似准则,而其他作用力(包括摩擦力、弹力、表面张力等)所满足的相似准则不能兼顾,因此这些作用力的影响在模型中往往被忽略,这种模型与原型的差异即为比尺效应。图 2-50 给出了波浪与结构物作用时各部分所需满足的相似准则及比尺对不同相似准则的影响。由图可知,随着比尺的增大,在重力相似的条件下,摩擦力、弹力和表面张力的比尺都逐渐增大,利用大比尺波浪水槽可以将模型的比尺控制在 1∶1～1∶5 的范围内,这样在重力相似的条件下,摩擦力、弹力和表面张力的比尺的最大值分别为 1∶11.2、1∶5、1∶25。控制模型比尺可最大限度地消除比尺效应的影响,从而得到更为真实的试验数据和试验现象,这些都可以为数学模型及理论分析提供依据。

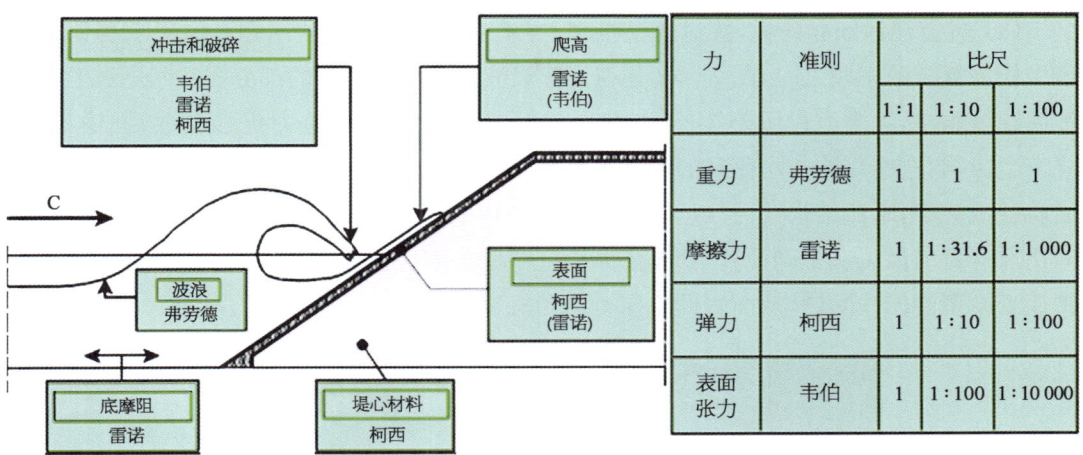

图 2-50　比尺对不同相似准则的影响

(2) 进行结构破坏性研究,为防波堤的破坏评估提供依据。近年来频现的恶劣天气产生的极端波浪对海岸工程造成了极大的威胁,如 2011 年台风"米雷"对我国烟台西港区部分护岸的破坏和台风"梅花"对大连福佳大化防潮堤的破坏,如图 2-51 所示。借助大比尺波浪水槽,可在实验室对结构进行破坏性试验,检验块体、沉箱、胸墙等结构的稳定性,进一步根据不同结构的破坏形式分析破坏机理,从而为防波堤的破坏评估提供依据。

图 2-51　台风对海岸结构的破坏

(3) 进行海堤的越浪研究,为安全防护和防灾减灾提供依据。在海洋波浪场中,防波堤不但受到波浪的冲击,在大浪作用下还会出现严重的越浪,越浪往往造成巨大的经济损失,因此,防波堤的越浪量不但是防波堤结构和断面设计的关键因素之一,也是衡量防波堤防浪效果及评价堤后安全的重要参数。国外学者多采用大比尺波浪水槽进行接近原型的试验,以检验越浪对防波堤结构及对人体的冲击作用。借助天科院大比尺波浪水槽进行海堤的越浪研究,确定不同的越浪标准,从而为港口码头及沿岸设施的安全防护和防灾减灾提供依据。

(4) 进行泥沙问题研究,探讨运动机理,寻求减淤方法。泥沙问题是海岸工程研究领域中较为复杂的问题之一,图 2-52 是在大比尺波浪水槽中进行的部分泥沙问题试验。泥沙问题试验中,除重力相似条件外,摩擦力相似、黏性力相似也会对泥沙的起动、输移、沉降产生影响,这些影响在小比尺的模型试验中会产生较为明显的比尺效应,例如在动床冲淤验证试验中,水流结构及泥沙运动都不是严格相似的。另外,输沙量比尺及河床变形时间比尺等目前尚无法正确计算,都要依靠验证试验来解决。借助大比尺波浪水槽,可以模拟接近原型的泥沙问题,从而有助于探讨运动机理,寻求减淤方法。

图 2-52 大比尺波浪水槽中进行的泥沙问题试验

(5) 进行波浪与地基基础相互作用研究,探索地基失效引起的建筑物破坏机理及其改善措施。恶劣水文条件下,波浪对结构物的作用远超过正常天气条件,尤其在软土地基情况下,更容易发生结构与地基失稳。波浪作用下结构与地基特别是软土地基失稳机理的研究作为港口海岸工程学科的前沿课题,一直是各国学者和工程技术人员研究的热点和难点。利用大比尺波浪水槽铺砂段进行波浪与地基基础相互作用试验,是大比尺波浪水槽的主要功能之一。

大比尺波浪水槽自建成以来,本着"开发共享、合作共赢"的理念,与清华大学、天津大学、河海大学、海军工程设计研究局、国家海洋局南海分局、中科院广东能源所等建立了良好的合作关系,开展了涉及远海珊瑚礁建设、波浪-结构物-地基耦合、浮体运动响应机理等13项试验工作,取得了丰硕的研究成果,具体试验工作见表2-20。

表2-20 大比尺波浪水槽内完成项目情况

时间	项目名称	合作单位	项目来源
2014	浮式防波堤消浪效果研究	独立承担	院基金
2014	波流作用下孤立建筑物周围局部冲刷研究	天津大学	国家自然科学基金
2015	恶劣水文条件下港口水工结构的破坏机理和设计参数优化研究	天津大学、中交一航院	交通运输部重大专项
2015	护岸稳定性与越浪量试验研究	海军工程设计局	项目研究
2015	岛缘陡变地形与极浅水波浪冲击作用机理研究	天津大学	院基金
2015	斜坡堤越浪标准和比尺效应研究	独立承担	国家自然科学基金
2016	基于大比尺水槽的波流边界层发育机制实验研究	河海大学	交通运输部科技基金
2016	网箱养殖设施大比尺波浪试验	福建水产研究所	福建省科学基金
2016	港湾突发性溢油应急及生态修复技术合作研发	天津理工大学	国家自然科学基金
2016	珊瑚礁建筑物波浪冲击特性与抗滑稳定性研究	独立承担	院基金
2017	验潮井稳定性试验研究	国家海洋局南海分局	工程项目
2017	波浪地震作用下××安全性评估	海军工程设计研究院	科学技术部重点研发专项
2017	百千瓦海上可移动能源平台水动力及锚泊系统抗台风模型试验	中科院广州能源所	国家自然科学基金

大比尺波浪水槽的研究成果产生了重要的科学和社会效益:基于大比尺波浪水槽的波流边界层发育机制实验研究成功测量到了波流边界层的发育机制,对预测港珠澳大桥沉管基槽的泥沙淤积具有重要的价值;恶劣水文条件下港口水工结构的破坏机理和设计参数优化研究成功复演了长江口半圆形防波堤的破坏过程,揭示了波浪-结构-地基的非线性耦合机理;护岸稳定性与越浪量试验研究、岛缘陡变地形与极浅水波浪冲击作用机理研究等项目的科研成果有力地支撑了我国岛礁工程的设计与建设,对我国海洋强国战略的实施具有重要的意义。

大比尺波浪水槽消波段安放的米字型块体为每次试验的成功发挥了重要的作用,从而保证了试验的精度和准确性。

1) 开展浮式防波堤试验研究

大比尺波浪水槽内开展浮式防波堤的试验研究,研究成果为莲花岛旅游综合项目的新型防浪结构(直立式透空堤或浮式防波堤)的设计提供了直接的参考依据。莲花岛旅游综合项目位于秦皇岛市海港区大汤河口南侧的近海海域,距离现有海岸线约1 000 m。项目定位为世界级旅游度假岛,项目填海区滩面高程为 $-4\sim-7$ m,拟采用人工岛式围填海,围海面积约 87.18×10^4 m²,填海面积约 48.08×10^4 m²,透水构筑物面积约 56.86×10^4 m²(含跨海大桥),围填海面积合计约 214.08×10^4 m²(含防波堤),陆上总建筑面积为 149.6×10^4 m²;游艇泊位648个。

根据大比尺波浪水槽结构尺寸,模型几何比尺设计为1∶1,浮式防波堤试验情况如图2-53所示。

图2-53　浮式防波堤试验情况

2) 开展极浅水波浪冲击作用机理研究

近年来,随着海洋强国战略的推进,我国在远海珊瑚礁周围进行的工程活动日益增多,建设了诸如港口、机场、码头、灯塔、通信、气象等相关基础设施。与近岸的缓坡地形不同,珊瑚礁往往自深水中凸出,与周边深海形成明显水深差,距离珊瑚礁几百米,水深能够增大到数百米甚至上千米,波浪在这种陡变地形上的非线性作用十分强烈,岛礁防浪建筑物不可避免地会受到强烈的冲击,胸墙波浪力直接影响着防浪建筑物本身的结构安全。由于水槽尺度和模型比尺的限制,常规的小水槽往往只能模拟 $20\sim30$ m的礁前水深,波浪从上百米的深水区传播至礁盘几米的浅水区过程很难复演,因此,需要开展大比尺波浪水槽试验以能够模拟波浪从100 m水深传播至礁盘极浅水的复杂过程,并给出不规则波在建有防浪堤的珊瑚礁陡变地形上的传播变形、波谱变化、波浪增水及胸墙波浪力经验公式,从而探讨波高和周期等参数对礁坪上波浪水动力特性的影响。

试验模拟的整个岛礁在水槽内高度为5 m。在波浪作用下,波浪爬高进入岛礁后作用情况分别如图2-54和图2-55所示。

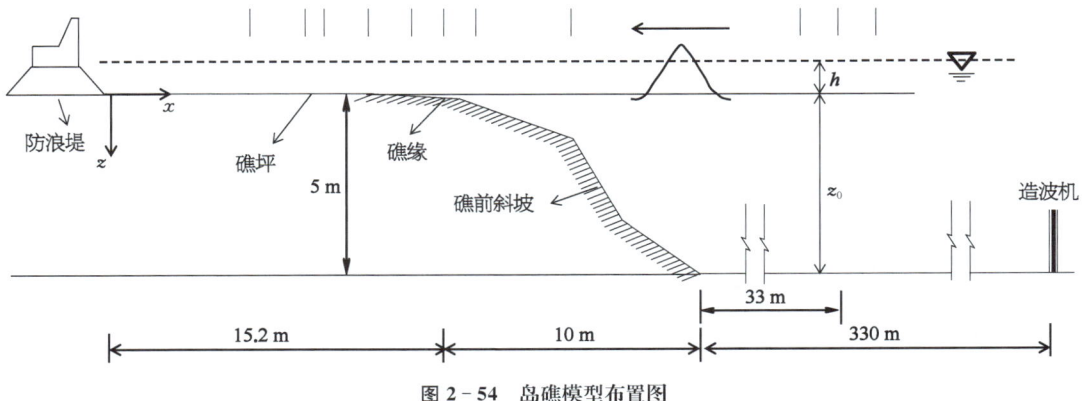

图 2-54　岛礁模型布置图

图 2-55　波浪在礁盘上的破碎传播过程

3) 开展波流边界层发育机制研究

波流边界层的物理机制是整个海洋水动力学和泥沙运动力学的重要理论基石,对其开展深入研究具有极为重大的科学意义和实用价值。边界层分为层流边界层、紊流边界层两大类,紊流边界层又可分为光滑区、过渡区和粗糙区等,物理机制极为复杂,至今尚未形成统一认知。以往研究多采用小型波流水槽和振荡水槽两种方式,然而这两种方式都存在明显的优缺点,小型波流水槽可以制造出真实的波浪形态,但无法达到现场尺度,一般只能触及层流区,至多到紊流的过渡区;振荡水槽可触及紊流粗糙区,其方法是通过在封闭槽中开展往复振荡,"人为"构造水质点的往复剪切运动,并用它来近似代表波浪的振荡,但其与海洋中的真实波浪形态不一致,限制了理论的拓展。采用大比尺波浪水槽开展试验,同时兼顾了两种手段的优势,既可以达到紊流粗糙区,又可使波浪环境与现场完全一致,突破了以往研究手段的瓶颈。

通过在水槽内构造长 30 m、高度 3 m 的斜坡,使其水下坡度达到 1∶10,斜坡上方通过混凝土铺面结合抹面形成固定床面,斜坡地形找平精度控制在±1 mm,水槽内模型制作情况如图 2-56 所示。

图 2-56 波流边界层模型制作情况

4) 开展网箱养殖试验研究

随着港湾可养海域逐渐萎缩,海区污染日趋严重,养殖病害日益频繁,网箱养殖业从湾内向湾外发展已是必然趋势。我国虽然从 20 世纪末开始开展深水抗风浪网箱养殖试验研究,但目前实际生产使用的网箱限于抗风浪能力、耐海流变形性能、管理操作方便性、成本投资等因素,不能很好地满足我国实际生产需要,限制了我国湾外网箱养殖的发展。

因此,结合我国海域特征及养殖特点,开发具有良好的耐风浪流性能、投资相对较少、养殖管理操作方便的新型网箱对拓展湾外养殖海域、保持海水网箱养殖可持续发展具有十分重要的意义。

项目组认真总结和分析了十几年来我国开展抗风浪网箱的试验研究成果及养殖生产的经验教训,根据 HDPE 框架浮式网箱、浮绳式网箱和传统渔排等网箱系统的各自优点,设计了基于柔性受力系统的组合式抗风浪流养殖网箱系统。

为了评价基于柔性受力系统的组合式抗风浪流养殖网箱系统的耐风浪流性能,并掌握其在福建省典型海区环境条件下的水动力性能和运动特点,项目组于 2016 年 9—10 月在天科院大比尺波浪水槽开展模型试验研究。

按照网箱尺寸和水槽试验条件,设计网箱系统模型的主比尺为 $\lambda=10$,网衣小比尺为 $\lambda'=3$,模型设计如图 2-57 所示。

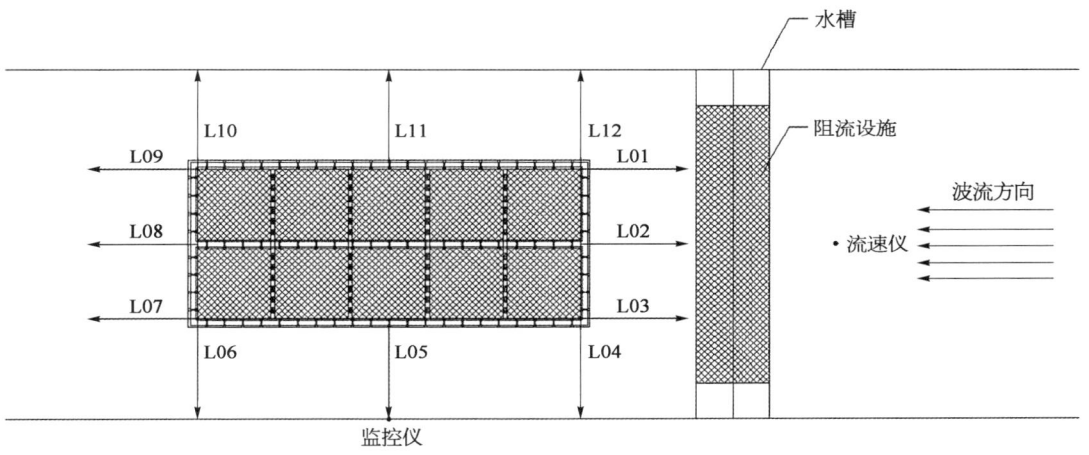

图 2-57　模型网箱固定在试验水槽底面情况

5) 开展围油栏性能测试技术试验研究

围油栏和吸油材料是溢油应急处置的两个基本要素。围油栏可有效地围控溢油,吸油材料可以快速吸附溢油,减少对海洋环境的影响。我国交通运输部在借鉴美国围油栏标准后,于 2001 年出台了《围油栏》(JT/T 465—2001)设计标准。由于缺乏大比尺波浪水槽物理模型试验,我国的围油栏设计标准中一直没有对围油栏的抗风抗浪性、随波性、拦油能力等指标提出具体的测试方法,使我国的围油栏设计滞后。相反,美国围油栏的设计标准不断更新,在 2012 年的新标准中对围油栏的抗风抗浪性、随波性、拦油能力等提出了明确要求及测试方法。

因此,通过引进美国先进的围油栏设计技术,利用大比尺波浪水槽物理模型试验对围油栏的综合性能指标进行测试,有助于提升我国围油栏开发设计的水平。

水槽内模拟围油栏正在处理油污的过程如图 2-58 所示。

图 2-58　大水槽围油栏拖曳处理油污过程

6) 开展恶劣水文条件下港口水工结构的破坏机理试验研究

波浪作用下结构与地基失稳机理研究,是目前世界上的一个研究难点,对于港口的安全来说非常重要。我国经济发达的渤海湾、长江三角洲和珠江三角洲沿海广泛分布软黏土地基,给港口水工建筑物的结构安全带来很大的潜在威胁,为此由交通运输部组织开展了"恶劣水文条件下港口水工结构的破坏机理和设计参数优化研究"。通过研究进一步认识波浪-结构-地基(特别是软黏土地基)相互作用机理,形成波浪-结构-地基物理和数值模拟技术、软黏土软化机理和判别标准,提出对软黏土上直立式混合防波堤设计新方法的建议,并进一步提升为规范或指南。

研究成果可为《防波堤设计与施工规范》的有关条文修订提供参考依据和补充,因此,本研究对发展我国软黏土基床重力式结构的建设起到很大的推动作用,并将带来显著的经济效益,具有明显的示范意义。

根据研究内容及试验水槽尺寸,设计模型比尺为 1∶5。

在波浪作用下,半圆形防波堤在软基上的变化情况如图 2-59 所示。

7) 开展海上可移动平台水动力及锚泊系统抗台风试验研究

对网箱式波浪能发电装置及锚泊系统进行水槽物理模型试验,通过试验希望达到:

(1) 测量得到宽体和细长体这两种浮式装置在各种环境条件下的六自由度运动。

(2) 验证系泊缆的刚度、各种环境条件下的张力。

(3) 测量装置表面各关键点压强。

(4) 耦合系统的风标性以及系泊缆是否与电缆发生缠绕。

图 2-59 波浪作用时软土地基上半圆形防波堤现象

为了完成试验,项目组于 2017 年 7—10 月在大比尺波浪水槽内开展了相关专题模型试验研究。同时根据水槽的尺寸和不同的发能装置设计不同试验比尺,其中"万山号"波浪能发电装置的比尺为 1∶15,深水"万山号"的比尺为 1∶30。

在波浪作用下,发能装置产生六个自由度测量,如图 2-60 所示。

图 2-60 波浪作用时发能装置自由度测量

第 3 章

新型双联消浪护面块体关键技术研究与工程应用

3.1 双联消浪护面块体概述

印度尼西亚 CILACAP 电厂防波堤工程发生破坏,中资企业中标其修复工程。CILACAP 电厂防波堤建设工程于 2003 年年底开工,2006 年年底前竣工投产。工程所在港区面临大海,波浪、潮流和泥沙等水动力条件复杂,东防波堤建成后受波浪、潮流的冲击作用,堤身多处已被冲开形成缺口,波浪从缺口直入港内导致码头无法正常作业并危及码头和陆域基础设施的安全。2010 年中方承接电厂港区的泥沙淤积治理和防波堤破坏段修复等相关研究工作和工程建设。对于破坏原因的分析是:原防波堤设计中选用美国 A-JACK 块体做护面,但该种块体较单薄,单个质量不足 5.0×10^3 kg,而且外形复杂,安放方式也较为复杂,需要安放 2 层使上、下交叉连为一体。另外,A-JACK 块体的预制安装很困难。由于当地水上施工条件差,而所需块体数量多,导致施工进度慢且质量不易保证。根据现场踏勘显示:护面块体多为断肢破坏且滚落至防波堤内侧,说明块体质量明显偏小,易在波浪作用下失稳,块体结构单薄、强度不够,断肢后更丧失了抗浪能力,如图 3-1 所示。

图 3-1 A-JACK 块体破坏断肢现象

对于该防波堤工程,原有的块体已不能满足本海区恶劣水文条件下的稳定要求。此外在修复断面护面块体选用时,考虑境外工程受护面块体专利的限制,设计提出了采用自主研发的新型双联消浪护面块体(简称"双联块体")进行护面。

双联块体是在 2000 年立项后研发的新型护面块体,已取得国家实用新型专利。双联块体包括 3 根在三维空间方向相互垂直、形状相同的柱型杆件,其中之一从垂直方向将其他 2 根杆件串联为一体。每根柱型杆件的断面形状可为方形、矩形或圆形,两端为棱台或圆台。每根柱型杆件的各面交接处均设有便于脱模的倒角。双联块体的三维立体效果图如图3-2所示,块体结构尺寸如图3-3所示。

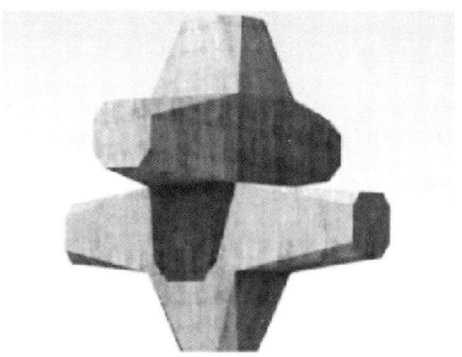

图3-2 双联块体的三维立体效果

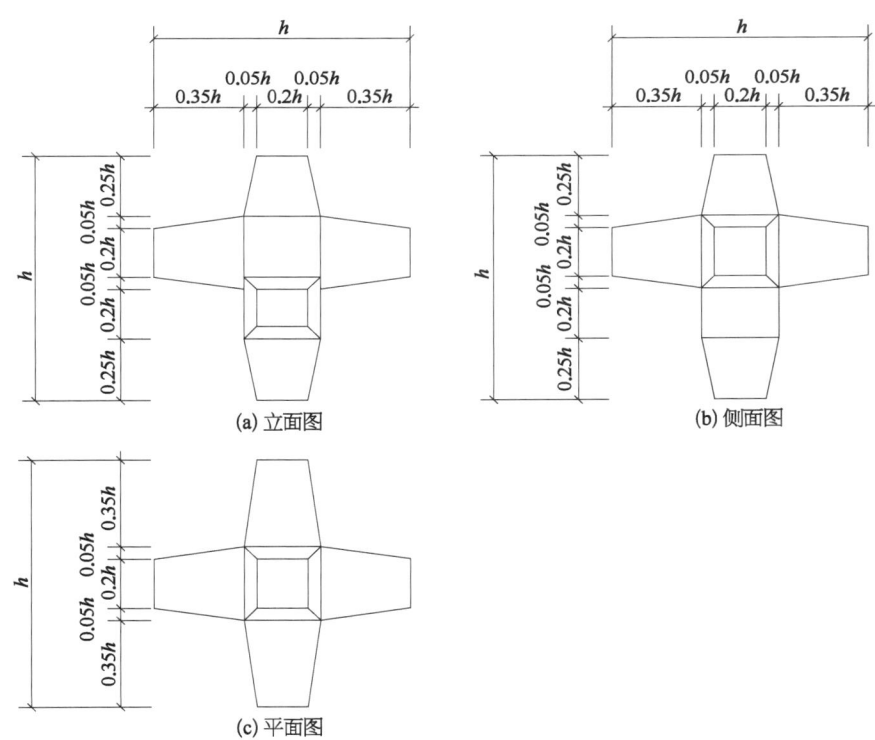

图3-3 双联块体形状尺寸图

(说明:块体体积 $V=0.1558h$,与扭工字块体体积接近)

本修复工程是对双联块体在原型恶劣水文条件下的首次应用,故对双联块体护面的设计断面进行了波浪模型试验,又进一步对块体参数进行论证,从理论计算和工程应用方面完善和深化了双联块体的设计。

3.2 关键技术研究

3.2.1 物理模型试验

1)试验目的与内容

(1)试验目的。通过物理模型试验,测定双联块体设计参数,并通过与现有块体对比再次评估双联块体的优越性;结合修复工程位置波浪条件,验证采用双联块体的护面设计质量稳定情况,为修复工程断面形式及尺度的合理性提出优化建议。

(2)试验内容。

① 新块体参数测试试验。通过试验,测出新型双联块体的主要计算参数(包括稳定系数 K_D、形状系数 c、块体空隙率 P'、糙渗系数 K_Δ 及每 100 m² 护面块体数 N 等)。

② 与现有块体对比试验。通过物理模型试验,将双联块体同扭王字块体 A 型或扭王字块体 B 型进行同步对比,对其稳定性、波浪爬高或越浪等情况进行测试,并结合块体的预制、安装难易程度等对双联块体进行综合评估。

③ 破坏修复工程采用双联块体护面试验。在不同水位及相应波浪重现期为 50 年和 100 年波浪作用下,测试新护面块体稳定性,以及通过测量堤顶越浪和堤后次生波高来评价新块体消浪机理和效果;在采用设计高水位及相应重现期 50 年波浪时,对双联块体与扭王字块体 B 型进行对比试验,测试其稳定性、消浪效果等的差异。

2)试验依据条件

(1)试验水位。以工程位置 Serayu 河河口附近理论低-低潮面(LLWL)为基准:

极端高水位:+2.97 m(重现期 50 年);

设计高水位:+2.46 m;

设计低水位:+0.42 m。

(2)试验波要素。按照工程设计重现期年限,断面物理模型试验最终采用 SSE 浪向、重现期 50 年波要素进行验证,并用重现期 100 年波要素值进行校核,具体试验波要素见表 3-1。

表 3-1 断面位置试验波要素

水位(m)	重现期 50 年			重现期 100 年		
	$H_{4\%}$(m)	$H_{13\%}$(m)	$\bar{T}$(s)	$H_{4\%}$(m)	$H_{13\%}$(m)	$\bar{T}$(s)
极端高水位	5.68	4.97	13.83	5.83	5.12	13.98
设计高水位	5.57	4.90	13.83	5.72	5.04	13.98
设计低水位	4.95	4.60	13.83	4.96	4.74	13.98

(3) 试验断面。断面形式为斜坡式(图3-4)。堤顶高程为+8.0 m,天然泥面高程为-6.0 m,护底块石为400~600 kg;护面块体为8 000 kg双联块体,由海侧一直护至港侧+3.5 m戗台位置,垫层块石为700~1 000 kg;港侧+3.5 m戗台以下为200~300 kg块石护面,防波堤斜面坡度为1:2。

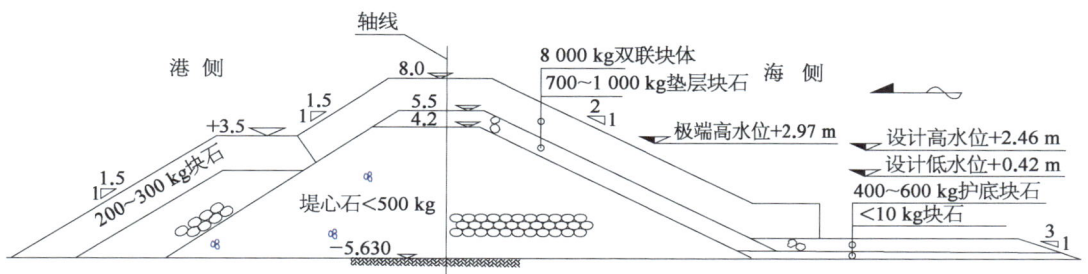

图3-4　防波堤修复工程设计断面(单位:m)

3) 试验设备

双联块体试验设备同第2.2.1节。

模型高程用水准仪控制,长度用钢尺测量,波高采用波高传感器(图3-5)测量,并通过SG2000型动态水位测量系统对波高进行采集分析。

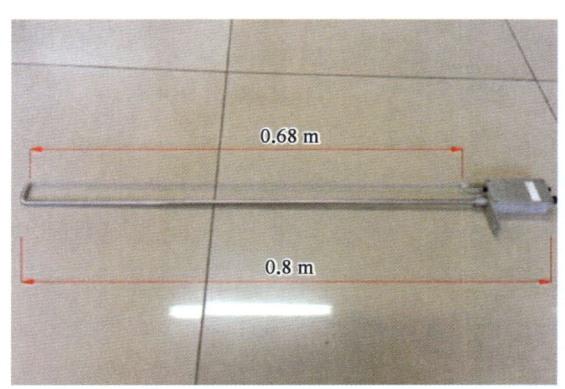 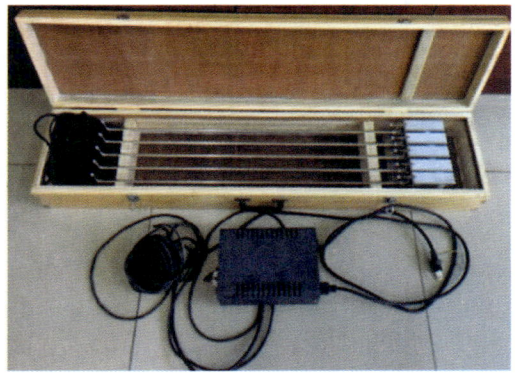

图3-5　波高传感器

4) 模型设计与制作

本次模型按重力相似准则设计,结构断面尺寸满足几何相似,各物理量比尺关系见表3-2。根据试验场地、现有块体质量及试验要求,模型选用几何比尺 $\lambda=30$,力比尺 $\lambda_F=27\,000$,时间比尺 $\lambda_t=5.48$,单宽流量比尺 $\lambda_q=164.32$。

表3-2 模型各物理量比尺

物 理 量	比 尺
长度 L	λ
高度 h	λ
波高 H	λ
波周期 T	$\lambda^{1/2}$
流量 Q	λ^3
质量 m	λ^3
频率 f	$\lambda^{-1/2}$
力 F	λ^3
单宽流量 q	$\lambda^{3/2}$

$$\lambda = \frac{l_p}{l_m}$$

l_p——原型长度；l_m——模型长度

依据《波浪模型试验规程》(JTJ/T 234—2001)的要求，断面模型中的 8 000 kg 扭王字块体 B 型、8 000 kg 双联块体均采用原子灰加铁粉配制，质量误差与几何尺寸误差均满足试验规程的要求，模型制作成品分别如图 3-6 所示。断面模型中各种块石按重力比尺挑选，质量偏差控制在±5%以内。由于试验模型采用的是淡水，而实际工程中为海水，受淡水与海水的密度差影响，试验中考虑 $\rho_{海水} = 1.025 \rho_{淡水}$。

(a) 双联块体

(b) 扭王字块体B型

图 3-6 模型块体

5) 试验方法

(1) 波浪模拟。波浪谱模拟方法同第 2.2.1 节。

(2) 波浪率定。为了提高模拟精度和造波工作效率，在模型摆放之前，首先率定原始波要素，以达到试验波要素满足目标值的要求。

不规则波采用频谱模拟，将给定的有效波高及周期输入计算机进行波谱模拟，经过修正后，使峰频附近谱密度、峰频、谱能量、有效波高等满足试验规程要求，即：

① 波能谱总能量的允许偏差为±10%。
② 峰频模拟值的允许偏差为±5%。
③ 在谱密度大于或等于0.5倍谱密度的范围内，谱密度分布的允许偏差为±15%。
④ 有效波高、有效波周期或谱峰周期的允许偏差为±5%。
⑤ 模拟的波列中1%累积频率波高、有效波与平均波高比值的允许偏差为±15%。

每组波要素的波列都保持波的个数在100以上。根据试验要求，针对不同断面，在各个水位依据给定的波要素进行率定，将最后得到的造波参数存储在计算机中。试验时，依据对应率定好的造波信号进行造波。造波时启动无反射实时吸收造波功能，通过造波板前的水位传感器，实时监测水面变化，利用入反射波叠加和分离原理，分析出反射波并通过计算在控制信号中实时叠加一个与反射波相反的信号，将造波板的二次反射吸收掉，保证入射波的准确性。

进行各断面稳定性试验时，每个水位条件下模拟原型波浪作用时间取3 h，以便观察断面在波浪累积作用下的变化情况。根据试验规程规定，断面中块体的稳定性试验每组至少重复三次。当三次试验现象差别较大时，增加重复次数。每次断面均需重新摆放。

（3）双联块体、扭王字块体稳定性判断。扭王字块体的稳定性是通过观察其位移情况进行判断的。试验中当位移变化在半倍块体边长以上、滑落或跳出，即判断为失稳；当波浪累积作用下出现局部缝隙加大至半倍块体边长以上，也判断为失稳。失稳的断面要进行重复试验，重复试验也失稳的，判断为断面失稳；重复试验不失稳，分析失稳原因。块体没有位移即为稳定。由于双联块体形状与扭王字块体相近，因此对于该块体的失稳也采用此标准进行判定。

3.2.2 试验成果与分析

1）双联块体参数测试试验

测量断面布置如图3-7所示。

（1）形状系数c。按照式(3-1)，再通过模型上测量摆放该块体的厚度（选取断面不同位置），从而反推c，计算得到$c=1.524$。

$$h = n'c\left(\frac{W}{0.1\gamma_b}\right)^{1/3} \tag{3-1}$$

式中 h——护面层厚度(m)，在模型上分别测量断面不同位置护面层的厚度，结果见表3-3；

γ_b——块体材料的重度，取23.0 kN/m³；

W——单个块体的稳定质量，取8 000 kg；

n'——护面块体的层数，取1。

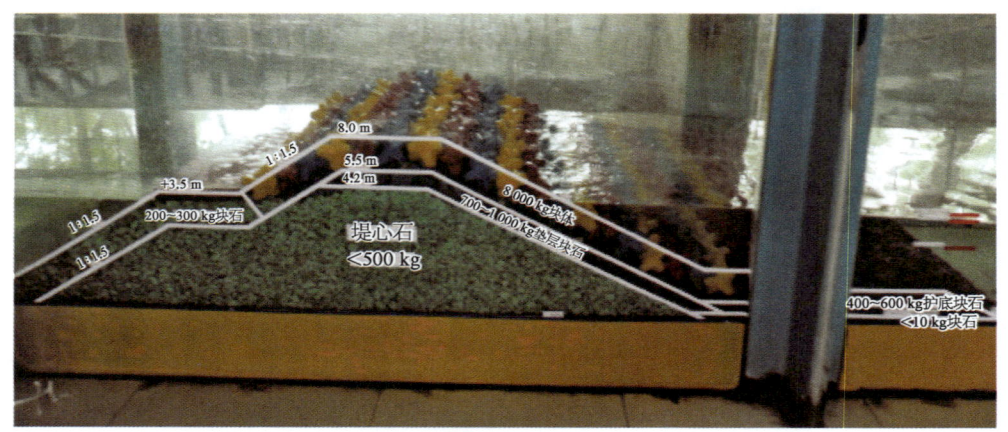

图 3-7 水槽内模型断面布置

表 3-3 护面层厚度

测量断面位置	堤顶(平台)	拐角	斜坡	平均值
测量厚度(m)	2.34	2.31	2.28	2.31

(2) 每 100 m² 护面块体个数 N。由提供破坏工程设计断面图,统计其面积为 $S = L \times B = 42.495$,且按照试验比尺转化模型值为 1.416 5 m²。模型上经多次摆放,结果见表 3-4。由表结果可知,模型上摆放块体数最多为 333 个,最少为 308 个。转化成原型值,每 100 m² 护面块体个数 N 平均为 25.18 个。

表 3-4 摆放块体数量

不同面积	摆放数量(个)				平均值
	第1次	第2次	第3次	第4次	
模型上 1.416 5 m²	319	308	333	324	321
原型每 100 m²	25.02	24.16	26.12	25.41	25.18

(3) 块体空隙率 P'。按照式(3-2),利用通过上述计算得到的 N 和 c,反推得到 $P' = 62.23\%$。

$$N = An'c(1-P')\left(\frac{0.1\gamma_b}{W}\right)^{2/3} \quad (3-2)$$

式中 N ——人工块体数;

         W ——单个块体的稳定质量,取 8 000 kg;

         γ_b ——块体材料的重度,取 23.0 kN/m³;

         n' ——护面块体的层数,取 1;

         c ——块体形状系数,计算得 1.524;

         P' ——护面层的空隙率。

由上述 N 的计算结果,可推求 P',结果见表 3-5。

表 3-5 空 隙 率

参数	测量次数				平均值
	1	2	3	4	
原体每 100 m² 护面块体个数 N	25.02	24.16	26.12	25.41	25.18
P'(%)	62.31	63.61	60.65	61.72	62.07

(4) 块体混凝土用量 Q。双联块体混凝土用量 Q 的测定,按照下式:

$$Q = N \frac{W}{0.1\gamma_b} \quad (3-3)$$

式中 Q——为人工块体混凝土用量;

N——人工块体数;

W——单个块体的稳定质量,取 8 000 kg;

γ_b——块体材料的重度,取 23.0 kN/m³。

由此可得破坏修复工程设计断面双联块体的单个块体混凝土用量为 87.6 m³。

(5) 糙渗系数 K_Δ。推算方法:在断面迎浪侧护面分别采用不透水板(查相应规范得出其糙渗系数 $K_\Delta=1.0$)和双联块体进行对比试验,如图 3-8 所示,同时保证整个试验过程中堤顶不产生越浪。观测在同一试验条件下(采用设计低水位,规则波作用)的波浪爬高,将两次得到的爬高进行比较,从而得出双联块体糙渗系数 $K_\Delta=0.45$。

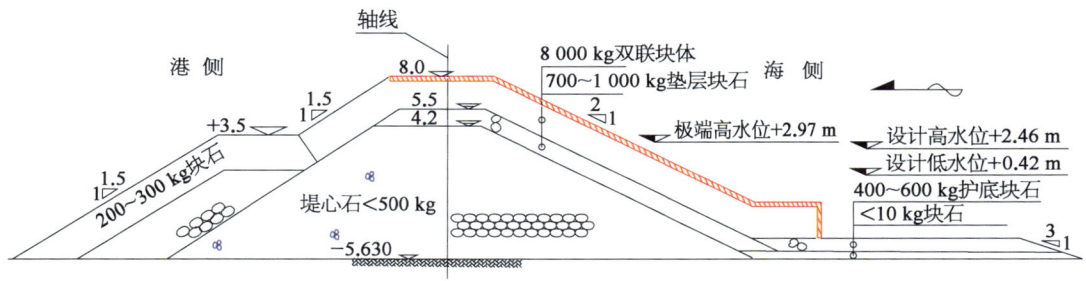

图 3-8 不透水板护面断面(单位:m)

(6) 稳定系数 K_D。对于 K_D 的测求,试验条件选择在设计高水位,采用不同的 $H_{13\%}$ 有效波高,在同一周期 $\overline{T}=13.83$ s 下进行试验。按照式(3-4),在已知块体质量 $W=8\,000$ kg 时,反推求 K_D。在测量过程中堤顶(8.0 m 高程)均有不同程度越浪,通过观测块体在波浪作用下所处的不同状态,计算得到不同 K_D,结果见表 3-6。

$$K_D = 0.1 \frac{\gamma_b H^3}{W(S_b-1)^3 \cot\alpha} \quad (3-4)$$

$$S_b = \frac{\gamma_b}{\gamma}$$

式中　W ——单个块体的稳定质量；

　　　γ_b ——块体材料的重度，取 23.0 kN/m³；

　　　γ ——（海）水的重度，取 10.25 kN/m³；

　　　H ——设计波高；

　　　K_D ——块体稳定系数；

　　　α ——斜坡与水平面的夹角，$\cot\alpha=2$。

表 3-6　双联块体 K_D 试验结果

水 位	设计波高 $H_{13\%}$ (m)	周期 $\overline{T}$ (s)	双联块体质量 W (kg)	$\cot\alpha$	计算得到值 K_D	观测失稳率 n (%)
设计高水位 +2.46 m	4.50	13.83	8 000	2	6.81	0.0
	4.92				8.89	0.0
	5.53				12.63	0.0
	6.16				17.46	0.0
	6.45				20.04	临界稳定
	6.71				22.56	0.50
	7.17				27.53	1.43

通过上述试验得到了双联块体的设计参数分别为：稳定系数 K_D 在临界失稳时为 20.04；形状系数 c 为 1.524；块体空隙率 P' 为 62.07%；糙渗系数 K_Δ 为 0.45；每 100 m² 安放块体个数 N 为 25.18 个。

2）破坏修复工程采用双联块体试验

按照防波堤破坏工程的实际需求，考虑到现场采用国外研发的块体会受专利限制，故使用已获得我国专利的双联块体，同时由于双联块体首次应用在"一带一路"建设的涉外工程上，该工程的重要性很高，因此开展了对双联块体的物理模型试验专题论证。

（1）设计断面试验。设计断面模型布置如图 3-9 所示。

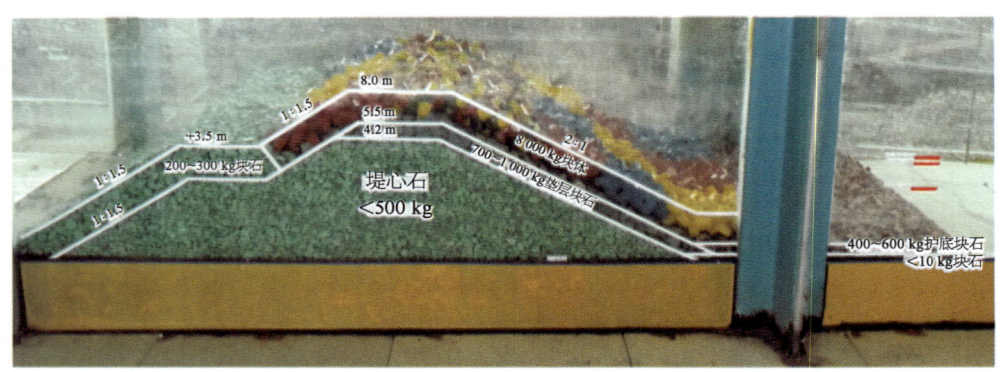

图 3-9　设计断面模型布置

在设计低水位、重现期为 50 年和 100 年的波浪的作用下,波浪最大爬高为 8.0 m,波浪在双联块体表面破碎形成水花越堤,但未形成成片水体,越浪量很小。护底块石在波浪作用下有表面的少量块石随波滚动,在波峰作用下,有块石被推至双联块体表面,在波浪连续作用 3 h(原型值,下同)后,计算其失稳率为 1.26%,未丧失其护底功能,因此判定为稳定。对于护面的双联块体,由于靠海侧第一排块体没有受到支撑和掩护,其在波浪作用下被冲上护面表面,位移远大于 1/2 块体边长,因此判定为失稳。试验结果见表 3-7,试验现象如图 3-10 和图 3-11 所示。

图 3-10 波浪冲击护面块体产生越浪现象

图 3-11 设计低水位,第一排双联块体滚落失稳

为了解高水位双联块体进一步的失稳程度,继续进行设计高水位和极端高水位、重现期为 50 年和 100 年波浪作用下的试验,此时堤顶存在较大的越浪,测量最大水舌厚度为 1.40 m,平均为 0.78 m,越浪量为 0.12 $m^3/(m·s)$;对于港侧高程为 3.5 m 的 200~

300 kg 块石戗台,在越浪流作用下很快被冲毁,最终导致其上部双联块体滚落失稳(图 3-12);400~600 kg 护底块石由于堤前水深增加,坡脚棱体块石稳定。对于护面的双联块体,与设计低水位相同,由于靠海侧第一排块体没有受到支撑,波浪作用下向港侧方向有滚落,因此判定为失稳。

(a) 港侧护面块体滚落失稳现象

(b) 海侧坡脚新块体失稳现象

图 3-12　设计断面双联块体失稳

针对港侧戗台位置 200~300 kg 块体失稳,试验中进行了修改,首先在该位置铺设栅栏板(规格为长×宽×高=6.0 m×4.8 m×0.55 m),通过试验发现栅栏板仍被冲至海侧而失稳;试验中对此进一步修改,结合现场踏勘及堤顶越浪情况,在该位置铺设 0.9 m 厚的混凝土板,在波浪连续作用后,混凝土板稳定,港侧块体稳定,如图 3-13 所示。

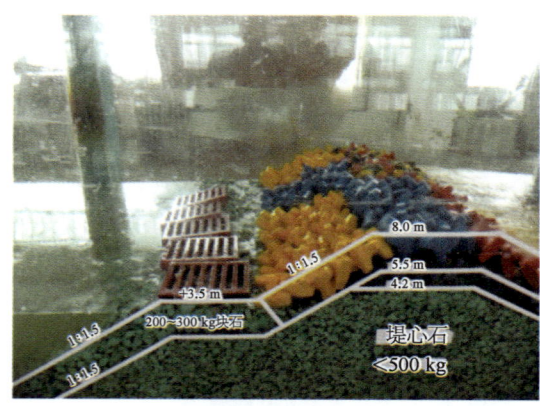
(a) 港侧戗台栅栏板失稳现象

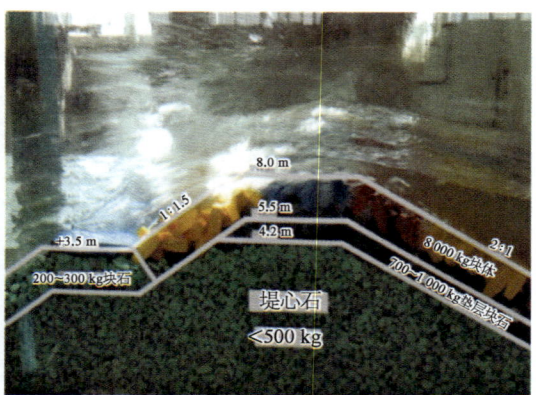
(b) 港池戗台采用混凝土稳定

图 3-13　港侧戗台位置铺设栅栏板冲刷失稳

针对靠海侧第一排双联块体失稳,试验中采用将 400~600 kg 护底块石加高至双联块体厚度一半位置,如图 3-14 所示。在波浪连续作用 3 h 后,块体稳定,断面其他各部分在波浪连续作用 3 h 后也均稳定。试验结果见表 3-7。

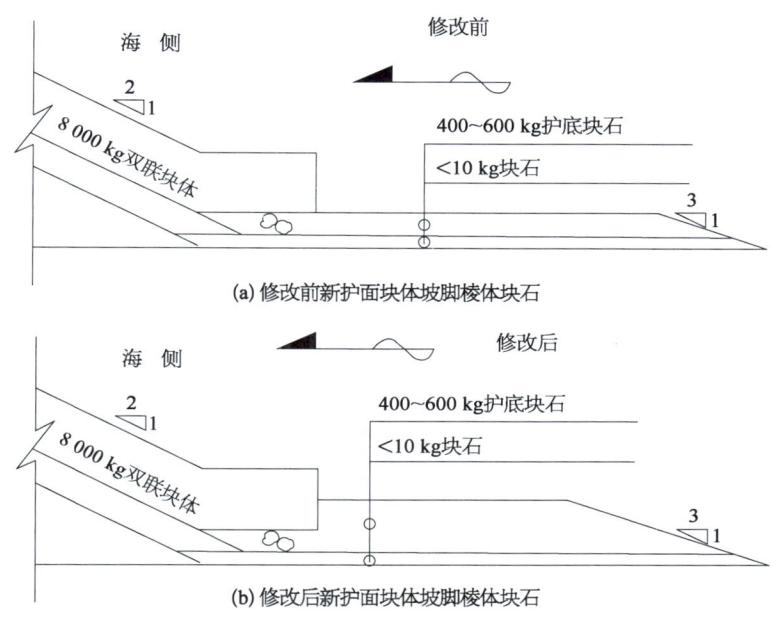

图 3-14 400～600 kg 护底块石加厚调整方案

表 3-7 设计断面试验结果

水 位	断面各单元稳定情况				越浪情况
	海 侧		堤 顶	港 侧	
	400～600 kg 护底块石	8 000 kg 双联块体		200～300 kg 护面块石	
设计低水位	有滚动,不丧失护底功能,稳定	坡脚块体滚落,失稳	稳定	稳定	波浪爬高至堤顶,溅浪
设计高水位	稳定	坡脚块体滚落,失稳	稳定	失稳	越浪,最大水舌厚度为 1.40 m,越浪量为 0.114 7 m³/(m·s)
极端高水位				失稳	

由修复方案设计断面结果可知,设计断面存在失稳,采取一些调整优化后,断面均能保持稳定。因此以下对比试验,试验断面均采用调整优化后稳定的断面进行试验验证。

(2) 优化断面试验。依据试验内容与要求,断面护面块体分别采用扭王字块体 B 型和双联块体进行对比试验,观测其波浪爬高、越浪及稳定性等消浪效果差异,两种块体的消浪效果通过测量两种块体护面断面在相同波浪作用下,堤顶所产生的越浪量和堤后产生的次生波高大小进行衡量。堤后次生波高测量测点布置如图 3-15 所示。

① 护面采用扭王字块体 B 型。

优化后断面模型布置如图 3-16 所示。

在设计低水位、重现期为 50 年和 100 年的波浪作用下,与原设计断面相同,波浪最大爬高至 8.0 m 高程,且大波在护面块体表面破碎形成水花越堤,但未形成成片水体,即未形

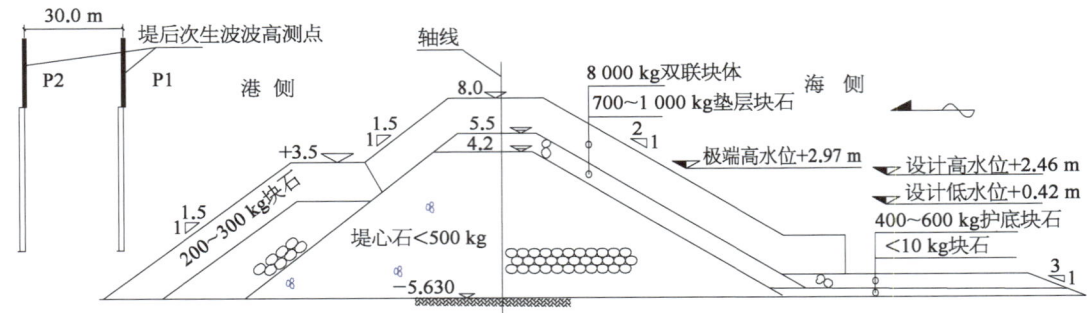

图 3-15 堤后次生波高测点布置

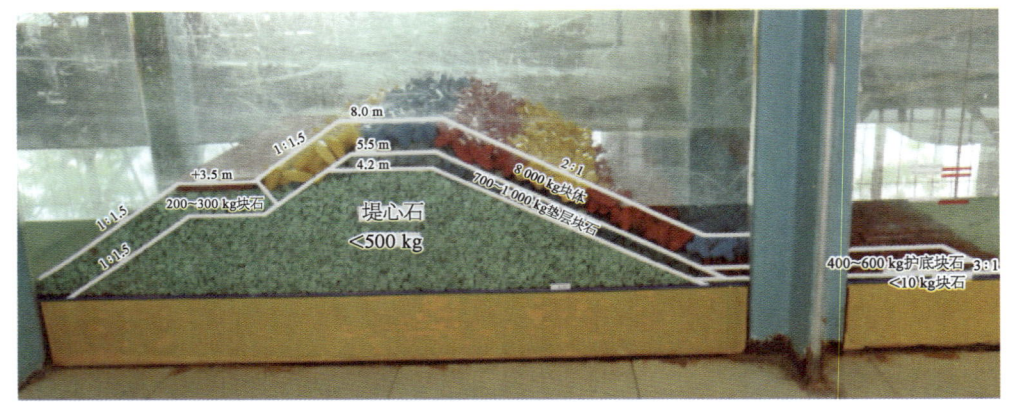

图 3-16 优化后断面模型布置

成堤后次生波,如图 3-17 所示。护底块石在波峰作用下,块石被冲至扭王字块体护面的表面,波浪连续作用 3 h 后,护底块石端部坡度变缓至 1∶4,计算其失稳率为 1.76%,未丧失其护底功能,因此判定为稳定。对于护面的扭王字块体,由于靠海侧坡脚第一排块体受

图 3-17 波浪破碎形成溅浪

到护底块石的掩护和支撑,波浪连续作用后,未发现块体有位移,因此判定为稳定,断面其他各部分也稳定,试验结果见表3-8。

表3-8 优化断面试验结果

水 位	重现期	断面各单元稳定情况			越浪情况	
		400~600 kg 护底块石	8 000 kg 扭王字块体	200~300 kg 块石	水舌厚度 (m)	越浪量 [m³/(m·s)]
设计低水位	50年	稳定	稳定	稳定	0.0	0.003 8
	100年	稳定	稳定	稳定		0.004 9
设计高水位	50年	稳定	稳定	稳定	最大 0.89 平均 0.38	0.058 1
	100年	稳定	稳定	稳定	最大 1.04 均 0.53	0.073 3
极端高水位	50年	稳定	稳定	稳定	最大 1.56 平均 0.72	0.094
	100年	稳定	稳定	稳定	最大 1.82 平均 0.88	0.113 5

在设计高水位、重现期为50年和100年的波浪作用下,堤顶存在较大越浪(图3-18),测量此时最大水舌厚度分别为0.89 m、1.04 m,平均分别为0.38 m、0.46 m,越浪量为0.058 1 m³/(m·s)、0.073 3 m³/(m·s),堤后次生波在P1、P2测点波高分别为 $H_{13\%}$ =0.83 m、0.44 m

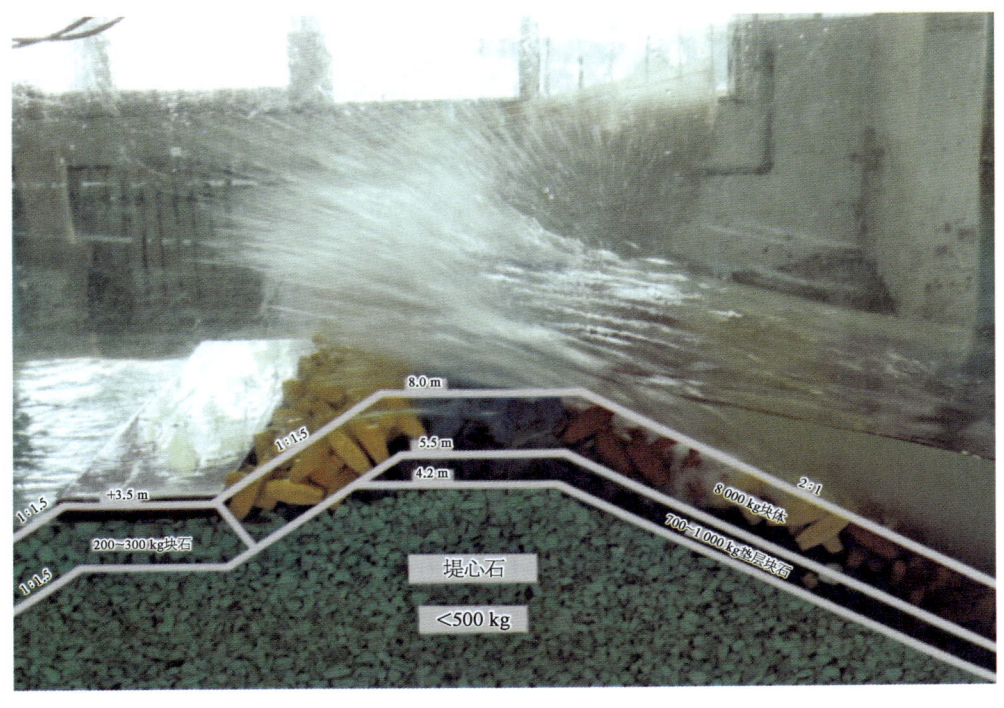

图3-18 大量水体越堤

和 $H_{13\%}=0.98$ m、0.51 m。护底块石随着堤前水深增加,波浪作用下仅有个别随波滚动,计算其失稳率为 0.36%,因此判定块石稳定。对于扭王字块体,由于其表面散落了护底块石,从而使块体更加稳定。试验结果见表 3-8。

在极端高水位、重现期为 50 年和 100 年的波浪作用下,与设计高水位相比堤顶存在更大越浪,测量此时最大水舌厚度分别为 1.56 m、1.82 m,平均分别为 0.72 m、0.88 m,越浪量分别为 0.094 m³/(m·s)、0.113 5 m³/(m·s),越浪形成堤后次生波在 P1、P2 测点波高分别为 $H_{13\%}=1.10$ m、0.60 m 和 $H_{13\%}=1.21$ m、0.69 m。与设计高水位相同,随着堤前水深增加,波浪对护底块石作用减小,块石稳定;波浪连续作用于扭王字块体,未发现存在位移,判定为稳定。试验结果见表 3-8。

② 护面采用双联块体。

双联块体优化断面模型布置如图 3-19 所示。

图 3-19　优化断面模型布置

在设计低水位、重现期为 50 年和 100 年的波浪作用下,与扭王字块体护面时相同,波浪最大爬高至堤顶后破碎,仅有少量水花越堤,如图 3-20 所示。400～600 kg 护底块石在波浪冲击作用下,块石也被冲至双联块体表面,在波浪连续作用 3 h 后,护底块石坡度变缓,坡度接近 1∶4,计算其失稳率为 1.83%,未丧失其护底功能,因此判定为稳定。与护面的扭王字块体稳定性相同,由于靠海侧坡脚第一排块体受到 400～600 kg 护底块石掩护和支撑,波浪连续作用后,未发现块体有位移,因此判定为稳定,断面其他各部分也稳定,试验结果见表 3-9。

在设计高水位、重现期为 50 年和 100 年的波浪作用下,在堤顶有较大越浪(图 3-21),测量此时最大水舌厚度分别为 0.80 m、0.92 m,平均分别为 0.30 m、0.45 m,越浪量分别为 0.051 m³/(m·s)、0.061 7 m³/(m·s),越浪形成的堤后次生波在 P1、P2 测点波高分别为

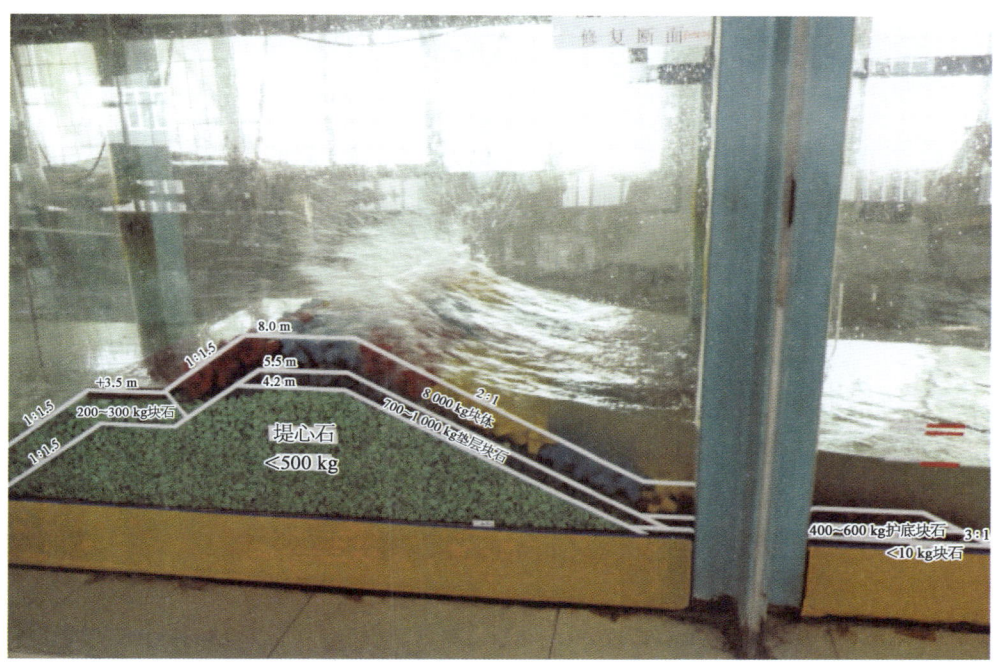

图 3-20 波浪破碎形成溅浪

$H_{13\%}=0.79$ m、0.44 m 和 $H_{13\%}=0.86$ m、0.51 m。对于 400~600 kg 护底块石,与扭王字块断面相同,随着堤前水深增加,仅有个别随波滚动,计算其失稳率为 0.23%,因此判定为稳定。双联块体在波浪连续作用 3 h 后,未发现其存在位移,因此判定为稳定。试验结果见表 3-9。从上述越浪测量的结果可知,双联块体的消浪效果要好于扭王字块体。

图 3-21 大量水体越堤

表 3-9 修改断面试验结果

水 位	重现期	断面各单元稳定情况			越浪情况	
		400~600 kg 护底块石	8 000 kg 双联块体	200~300 kg 块石	水舌厚度 (m)	越浪量 [m³/(m·s)]
设计低水位	50 年	稳定	稳定	稳定	0.0	0.001 6
	100 年					0.002 8
设计高水位	50 年	稳定	稳定	稳定	最大 0.80 平均 0.30	0.050 1
	100 年				最大 0.92 平均 0.45	0.061 7
极端高水位	50 年	稳定	稳定	稳定	最大 1.31 平均 0.53	0.073 3
	100 年				最大 1.63 平均 0.62	0.084 8

在极端高水位、重现期为 50 年和 100 年的波浪作用下,与扭王字块体断面相同,堤顶有很大越浪,测量此时最大水舌厚度分别为 1.31 m、1.63 m,平均分别为 0.53 m、0.62 m,越浪量分别为 0.073 3 m³/(m·s)、0.084 8 m³/(m·s),越浪形成的堤后次生波在 P1、P2 点波高分别为 $H_{13\%}=0.97$ m、0.48 m 和 $H_{13\%}=1.05$ m、0.54 m。波浪连续作用 3 h 后,断面各部分均稳定。试验结果见表 3-9。

3)双联块体与扭王字块体比较分析

根据上述试验结果,将双联块体与扭王字块体的安放块数、越浪情况等进行对比,对比结果见表 3-10。从对比的结果可知,在具体条件下,双联块体的表现优于扭王字块体。

表 3-10 扭王字块体与双联块体对比情况

块体类型	比较项目				
	块体体积	波浪爬高	越 浪	块体个数 N (每 100 m²)	安放难易程度
8 000 kg 扭王字块体 B 型	$V=0.265h^3$	在设计低水位重现期 50 年,爬高至 5.5 m 高程	重现期 100 年极端高水位越浪量 0.113 5 m³/(m·s)	平均安放 29.0 块	可随机摆放(也可规则摆放,但个数增加 10% 以上)
8 000 kg 双联块体	$V=0.156h^3$	在设计低水位重现期 50 年爬高至 5.10 m 高程	重现期 100 年极端高水位越浪量 0.084 8 m³/(m·s)	平均安放 26.0 块	容易随机摆放
对比总结	在相同质量条件下,双联块体比扭王字块体节省材料	两者相差 0.40 m,从爬高的结果来看,双联块体消浪效果优于扭王字块体	从越浪的结果来看,双联块体消浪效果优于扭王字块体	从模型的摆放数量来看,每 100 m² 双联块体比国扭王字块体少 8.81%	双联块体更易摆放

试验结果显示:在稳定性方面,两种块体性能相当,但在减浪消能效果方面,双联块体具有明显优势。双联块体单层随机安放两年后,未见损坏,块体性能得到证实。以上比较

说明,无论是室内试验结果还是实际工程使用效果,我国研发的双联块体性能都达到了世界先进水平。

4) 通过物模型试验,测得双联块体的主要设计参数

稳定系数 K_D 在临界失稳时为 20.04、形状系数 c 为 1.524、块体空隙率 P' 为 62.07%、糙渗系数 K_Δ 为 0.45、每 100 m² 安放块体个数 N 为 25.18 个,8 000 kg 重块体混凝泥土用量 Q 为 87.6 m³。

5) 在破坏修复工程采用双联块体的实际结果

(1) 设计断面。在重现期为 50 年和 100 年的波浪作用下,8 000 kg 双联块体坡脚个别移动、港侧 200~300 kg 块石失稳,断面其他各部分均稳定。

(2) 优化断面。在重现期为 50 年和 100 年的波浪作用下,8 000 kg 扭王字块体 B 型与 8 000 kg 双联块体护面对比试验中,断面各部分均稳定;低水位堤顶不越浪,但高水位均存在较大越浪,且扭王字块体 B 型护面断面面积大于双联块体护面面积。在极端高水位、重现期为 100 年的波浪作用下,最大水舌厚度为 1.82 m,平均为 0.88 m,越浪量为 0.113 5 m³/(m·s),越浪形成堤后次生波 P1、P2 位置 $H_{13\%}$ = 1.21 m、0.69 m。

(3) 通过对双联块体与扭王字块体在消浪、爬高、越浪及每 100 m² 安放个数等方面进行的对比表明,在本项目中双联块体的性能优于扭王字块体。

3.3 工程应用

3.3.1 工程应用概述

中国港湾工程有限责任公司(CHEC)是印度尼西亚港口建设最主要的承包商之一,在当地承建了多个滨海电站码头,同时对本项目设计、科研到施工实行总承包。考虑到专利的限制,在 CILACAP(S2P)电厂防波堤破坏修改项目首次采用了我国自主研发的双联块体作为护面块体,即满足了对长周期大波浪的防护要求,又规避了专利问题的困扰和制约。CILACAP(S2P)电厂项目成功应用了我国研发的护面块体,对印度尼西亚水工建筑市场影响颇大,由此 CHEC 通过招投标和激烈竞争先后取得印度尼西亚多个滨海电站港口工程承包权,如 CILACAP 电厂、ADIPALA 电厂、RATU 电厂和 PACITAN 电厂。以下列举 3 个双联块体应用于印度尼西亚的几个防波堤工程项目[42,43]。

3.3.2 应用工程之一:印度尼西亚 CILACAP(S2P)电厂扩建工程项目

1) 工程概述

印度尼西亚 CILACAP(S2P)电厂扩建工程项目位于印度尼西亚爪哇岛中部南海岸、芝

拉扎(CILACAP)市区东北部,南面毗邻印度洋,位置如图 3-22 所示。电厂现有装机 2 台 300 MW 燃煤机组,已于 2006 年运营至今,该电厂立足于现有条件进行扩建,在二期增建 1 台 660 MW 超临界燃煤机组。该工程将配套独立取水口,位于一期工程港池内,排水口设置在一期排水口的东侧,其灰场设在电厂的北部。工程建设内容还包括隔热堤、港区防波堤及码头等工程设施。CILACAP(S2P)电厂一期工程港区现状如图 3-23 所示。电站

图 3-22 CILACAP(S2P)电厂工程位置示意图

图 3-23 CILACAP(S2P)电厂一、二期工程港区现状

扩建项目外侧防波堤工程采用双联块体,工程平面布置如图 3-24 所示,防波堤堤头段和堤身段护面块体质量分别设计为 18 000 kg 和 15 000 kg,设计断面分别如图 3-25 和图 3-26 所示。

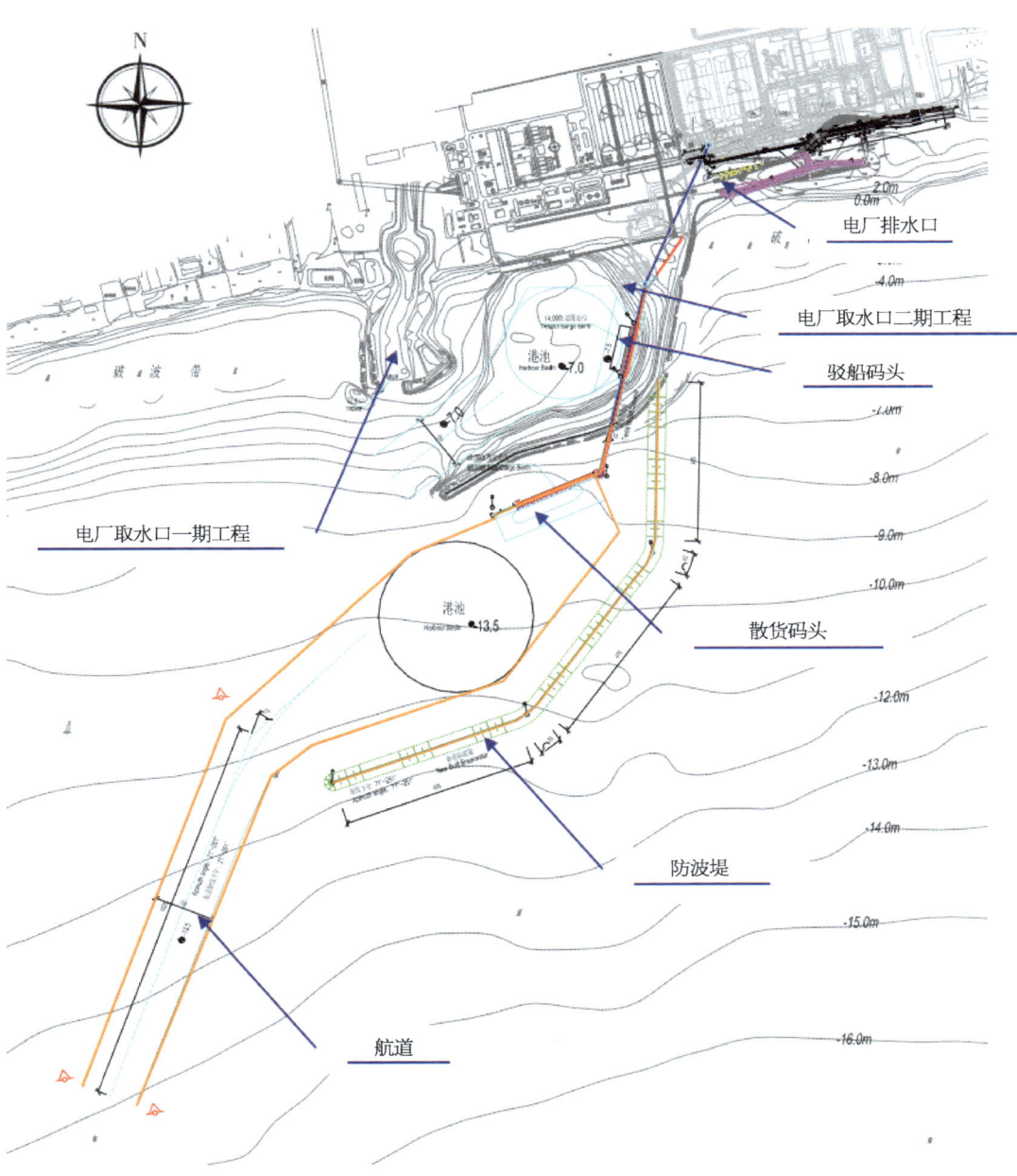

图 3-24　CILACAP(S2P)电厂二期电站工程平面布置图

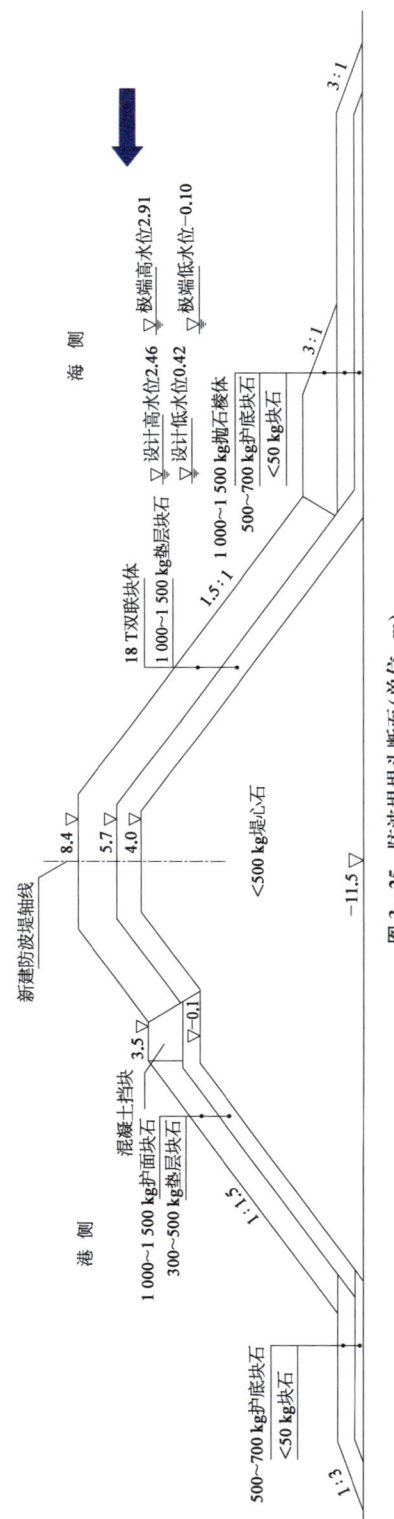

图 3-25 防波堤堤头断面(单位: m)

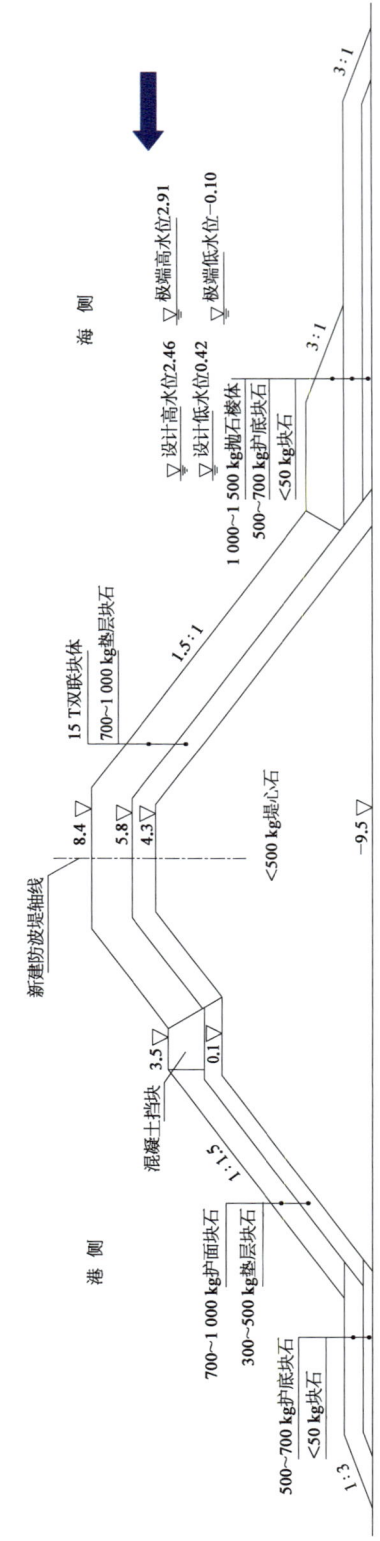

图 3-26 防波堤堤身断面(单位: m)

2）自然条件

（1）风况。印度尼西亚当地的风一般随季节性变化明显，雨季的风向主要为偏西向和北向，旱季则相反。根据 CILACAP 测站 1988—2006 年每日逐时风速观测资料统计工程区近岸风速结果，有风天占 75.75%，无风天占 21.89%，无记录占 2.36%。统计结果表明，本地区常风向为东南向，出现频率为 18.25%，次常风向为东向，出现频率为 13.51%，平均全年风速>20 kn（约 10.3 m/s）的风出现的频率为 0.039%，最大风速为 33 kn（约 17.0 m/s）。分频分级统计见表 3-11。

表 3-11　工程区风速分频分级结果

方　向	风速(kn)					
	<5	5~10	10~15	15~20	>20	合计
	出现频率(%)					
北	0.59	0.16	0.03	0.01	0.00	0.78
北东北	0.56	0.10	0.01	0.00	0.00	0.67
东　北	1.08	0.14	0.01	0.00	0.00	1.23
东东北	2.37	2.20	0.32	0.02	0.00	4.91
东	6.03	6.47	0.95	0.06	0.01	13.51
东东南	4.30	5.39	0.84	0.05	0.01	10.58
东　南	6.86	9.71	1.57	0.11	0.01	18.25
南东南	3.03	3.61	0.56	0.04	0.00	7.24
南	2.24	1.11	0.11	0.01	0.00	3.48
南西南	1.19	0.63	0.08	0.01	0.00	1.90
西　南	1.31	0.77	0.12	0.01	0.00	2.21
西西南	1.59	0.62	0.09	0.01	0.00	2.31
西	3.45	1.10	0.16	0.02	0.00	4.73
西西北	1.55	0.44	0.06	0.01	0.00	2.05
西　北	1.20	0.20	0.02	0.00	0.00	1.42
北西北	0.40	0.07	0.01	0.00	0.00	0.47
有风频率	75.75					
无风频率	21.89					
无记录	2.36					

（2）波浪特征。据当地渔民描述和印度尼西亚国家气象站波浪预报资料可知，雨季波浪较小，旱季 7、8 月份为大浪期，最大波高可达 4~5 m。2010 年 1 月现场踏勘期间，波况恶劣，如图 3-27 所示，平均波高可达 3~4 m，近岸破波带显著且宽广，该波况为本区常见情况，反映了本区波浪动力较强的特征。

根据荷兰 KNMI 网站波浪预报资料，分析工程区外海（距工程约 50 km）的波浪条件，

图 3-27 波浪状况

工程外海常浪向为南西南向,波浪主要集中在南~西南向之间,外海波浪在向近岸传播过程中,由于水深变化较大,折射作用明显,尤其在近岸浅水区折射作用更为显著。同时,根据该网站预报结果分析,统计波高平均值为 2.72 m,周期平均值为 13.64 s。另外,2009 年 12 月—2010 年 11 月,在工程海区(−20 m 等深线处,测点坐标为 7°43′35.23″S,109°8′10.47″E)设立波浪观测站,对该观测站历时一年的实测资料进行统计,并折算到工程区−15 m 水深处,得到−15 m 水深处波浪分频分级结果,见表 3-12。

表 3-12　−15 m 水深处实测波浪分频分级结果

波高分级	波向及其频率			频率合计
	南东南	南	南西南	
0~0.8	3.65	13.47	1.36	18.48
0.8~1.6	5.59	44.30	6.51	56.40
1.6~2.4	3.29	15.96	1.93	21.18
2.4~3.2	0.75	2.02	0.62	3.39
>3.2	0.15	0.18	0.22	0.55
频率合计	10.64	75.93	13.43	100.00

3) 块体应用情况

(1) 开展相关研究。

针对工程外侧防波堤堤头、堤身的设计断面分别开展波浪断面模型试验研究,主要研究内容包括：在波浪作用下的护面块体稳定性、堤顶越浪和越浪在港内侧形成堤后次生波的波高，以及长周期浪透过防波堤在港内产生的波对泊稳的影响，同时测量此时防波堤的透射系数。

根据试验场地、现有块体质量及试验要求，断面试验采用的几何比尺为34.5、时间比尺为5.87、力比尺为41 064。模型中的15 000 kg、18 000 kg双联块体采用原子灰、铁粉进行配制制作，质量偏差与几何尺寸误差均满足试验规程的要求，制作完成的块体如图3-28所示。

(a) 堤头断面的18 000 kg双联块体

(b) 堤身断面的15 000 kg双联块体

图3-28 模型中的双联块体

① 防波堤堤头断面试验。堤头设计断面水槽内的摆放情况如图3-44所示。在波浪作用下，护面块体均能保持稳定，但由于大量波浪越堤，产生的越堤流对后方0.1 m高程平台产生冲刷，最后导致块体失稳。通过去掉、降低平台高程等一系列的调整优化后，设计断面稳定，试验结果见表3-13。波浪越堤试验现象如图3-29所示。

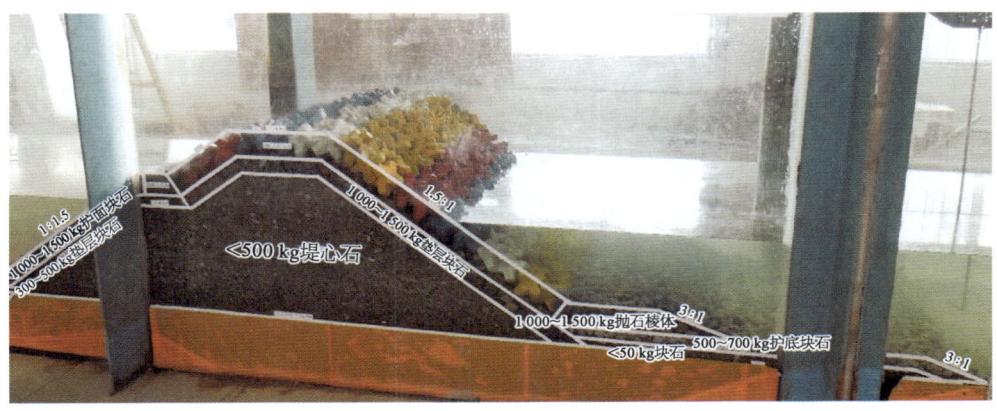

图3-29 水槽内设计断面模型摆放情况

表 3‑13　防波堤堤头断面稳定性试验结果

断面各单元					
海　侧			内　侧		
500~700 kg 护底块石	1 000~1 500 kg 抛石棱体	18 000 kg 双联块体	混凝土挡块	1 000~1 500 kg 护面块石	500~700 kg 护底块石
少量块石滚动，最终稳定	个别滚动，最终稳定	稳定	稳定	稳定	稳定
		稳定	稳定	稳定	稳定
稳定	稳定	稳定	设计断面失稳，调整后稳定	设计断面通过修改调整后稳定	稳定
稳定	稳定	稳定			稳定

图 3‑30　波浪越堤现象

② 防波堤堤身断面。堤身设计断面水槽内摆放情况如图 3‑31 所示。在波浪作用下，断面各部分均能保持稳定，试验结果见表 3‑14，试验现象如图 3‑32 所示。

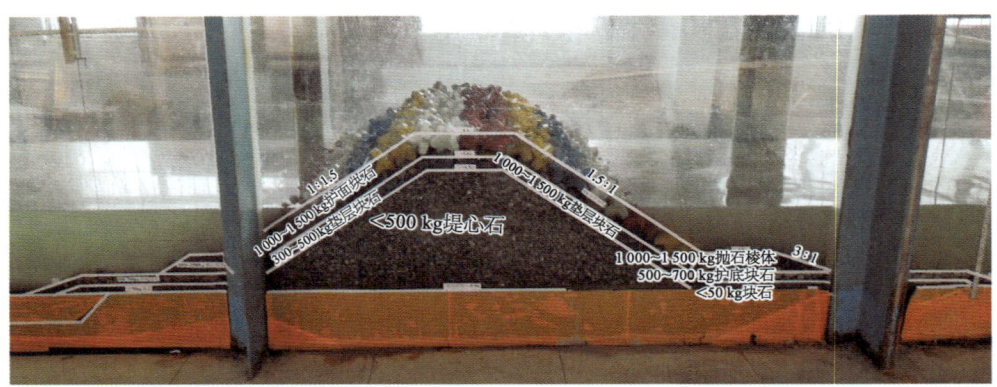

图 3‑31　堤身断面水槽内摆放情况

表 3-14 防波堤堤身稳定性试验结果

断面各单元					
海 侧			内 侧		
500～700 kg 护底块石	1 000～1 500 kg 抛石棱体	15 000 kg 双联块体	15 000 kg 双联块体	1 000～1 500 kg 护面块石	500～700 kg 护底块石
稳定	稳定	稳定	稳定	稳定	稳定
稳定	稳定	稳定	稳定	稳定	稳定
稳定	稳定	稳定	稳定	稳定	稳定
稳定	稳定	稳定	稳定	稳定	稳定

图 3-32 波浪越过堤顶现象

(2) 工程现场施工。

① 双联块体现场制作。首先根据设计提供的双联块体尺寸图纸制作块体。首先将钢板模具固定在框架上保持稳定,接着灌浆振捣密实、养护,最后等待混凝土凝固后拆模,块体制作完成。双联块体制作的部分过程如图 3-33 和图 3-34 所示。

② 护面块体现场安装。护面块体采用平板汽车运输和大型吊机安装,遵循由远至近、从水下到水上、梅花布点的施工方法,做到不多放、不漏放,所有块体与块体之间紧密相扣,块体与坡面紧密相连,具体如图 3-35 所示。

3.3.3 应用工程之二:印度尼西亚 CILACAP(S2P)电厂破坏修复工程项目

1) 工程概述

CILACAP(S2P)电厂防波堤破坏工程于 2003 年年底开工,2006 年年底前竣工投产。由于工程所在海区直接面临印度洋,波浪条件恶劣,同时受施工条件的限制,施工质量未达到设计要求,最终在长周期波浪的持续作用下,防波堤发生了破坏。破坏的防波堤原设计断面采用的是美国 A-JACK 块体做护面,由于块体构件较单薄,且单个质量不足 5.0×10^3 kg,在受到波浪冲击后容易断肢并滚落至防波堤内侧。

图 3-33 双联块体模具支立

图 3-34 向模具中灌混凝土拌合料

图 3-35 现场防波堤两侧坡面双联块体安装

防波堤破坏后其失去了对港内的有效保护，外侧波浪直接作用于港内，从而对码头等基础设施和电厂的生产运营造成影响，最终致使电厂面临停产，造成了巨大的经济损失。为了保持电厂正常运行，业主提出对防波堤进行修复。CHEC 对破坏现场进行了踏勘和工程海区波浪分析，提出初步修复思路为"分析波浪条件→确定工程方案→模型试验验证→工程实施→现场观测"，并最终确定了采用 8 000 kg 双联块体。防波堤修复工程设计断面如图 3-4 所示。

2）自然条件

（1）风况。具体情况见 3.3.2 节，电站附近实测风玫瑰图如图 3-36 所示。

（2）波浪特征。工程海区波浪条件十分恶劣和复杂，且缺乏长期波浪观测资料，因此首先进行波浪、流速的现场观测与数模计算，推算设计取值。观测一个月内产生资料用于紧急修复工程，继续观测产生的资料用于整体修复时的浪、流资料分析。

根据工程现场的观测及相关资料，工程区面对印度洋，波浪呈明显的涌浪特性。影响工程区的波浪主要为距工程区很远的外海

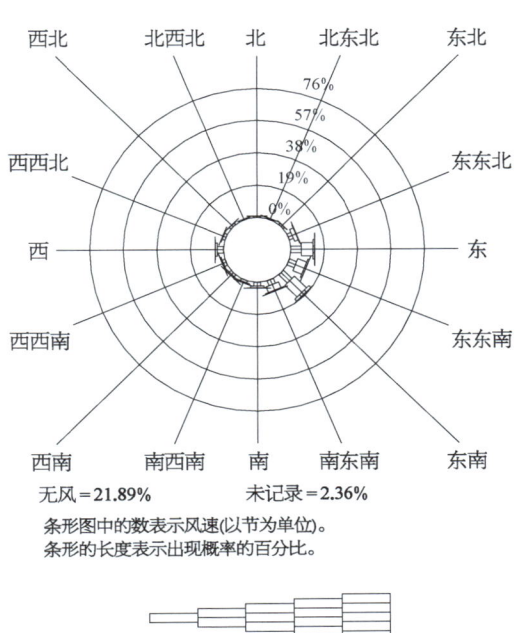

图 3-36 S2P 电站附近实测风玫瑰图

（印度洋 45°S～60°S 区域）生成的风成浪，其经长距离传播至工程区，在传播过程中，高频波浪衰减较快，最终传至工程区的均为长周期波浪。由基于 20 年长期风速实测资料及 2008—2009 两年整个印度洋大范围风-浪预报资料来建立波浪数学模型进行推算，得到工程区－40 m 等深线处（图 3-37）不同重现期波高的结果（表 3-15）。工程外海常浪向为南西南向，波浪主要集中在东南～南西南向之间。由于水深大，外海波浪在向近岸传播的过程中，折射作用明显，尤其在近岸浅水区折射作用更为显著。根据数值模拟结果，外海东南-南东南-南-南西南向波浪传至工程区附近，主要浪向变为南东南和南向。

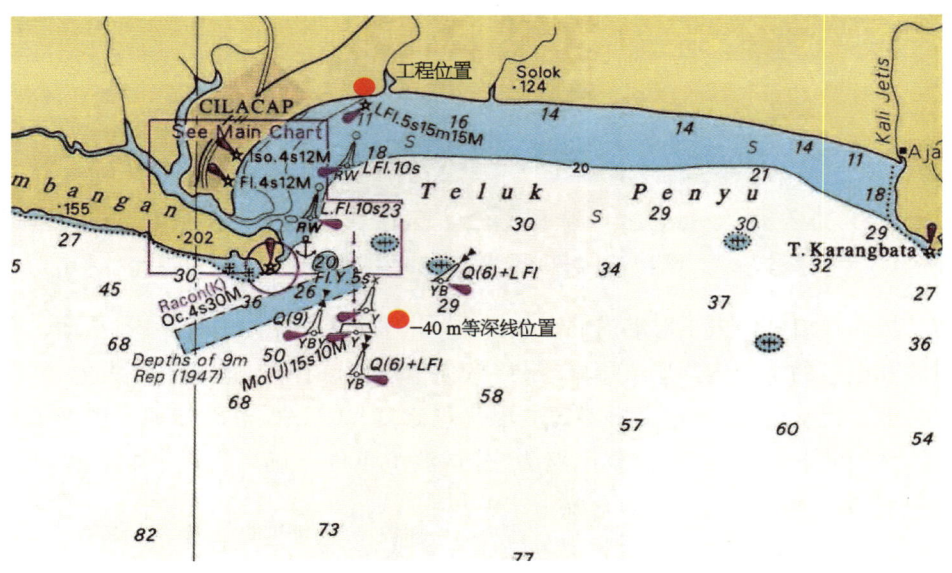

图 3-37 －40 m 等深线位置示意图

表 3-15 工程区－40 m 等深线处 $H_{13\%}$ 波要素结果

重现期	东 南		南东南		南		南西南	
	$H_{13\%}$(m)	$\overline{T}$(s)	$H_{13\%}$(m)	$\overline{T}$(s)	$H_{13\%}$(m)	$\overline{T}$(s)	$H_{13\%}$(m)	$\overline{T}$(s)
100 年	7.24	14.02	7.13	13.98	7.28	14.05	7.30	14.07
50 年	7.05	13.85	6.92	13.83	7.05	13.85	7.07	13.87
25 年	6.71	13.56	6.58	13.52	6.67	13.53	6.70	13.55
10 年	6.08	13.03	5.96	12.97	6.02	12.98	6.05	13.00
5 年	5.48	12.51	5.36	12.41	5.38	12.43	5.42	12.46
2 年	4.24	11.46	4.14	11.41	4.12	11.41	4.16	11.44

统计得出工程区波浪特征：该工程区海域波浪呈明显的涌浪特征，外海的风成浪传至工程区的均为长周期波浪。较长周期的波浪会因浅水折射而在堤前引起波能集中，在近岸形成显著且宽广的破波带，波浪动力较强。修复工程波浪设计标准：按 50 年重现期波浪条件进行使用期工况的设计；按 100 年重现期波浪条件进行使用期校核工况的设计；按

5年重现期波浪条件进行施工期工况的设计。

3）块体应用情况

（1）试验研究。在波浪作用下，通过波浪断面物理模型试验，验证修复工程设计断面的护面块体、护底块石等各部位的稳定性，以及堤顶越浪量测量，为设计断面形状和尺寸的合理性提出建议。

根据试验场地、现有块体质量及试验要求，试验采用的几何比尺为30、时间比尺为5.48、力比尺为27 000、单宽流量比尺为164.32。模型中8 000 kg双联块体模拟采用原子灰、铁粉进行配制，质量偏差与几何尺寸误差均满足试验规程的要求。

在波浪的作用下，护面块体均能保持稳定，此时堤顶产生的越浪较大，最大水舌厚度为1.63 m。试验结果见表3-16，波浪越堤试验现象如图3-38所示。

表3-16 修复断面试验结果

断面各单元稳定情况			越浪情况	
400～600 kg 护底块石	8 000 kg 双联体	200～300 kg 块石	水舌厚度	越浪量 $(m^3/(m \cdot s))$
有滚动，最终稳定	稳定	稳定	溅浪	0.001 6
			溅浪	0.002 8
稳定	稳定	稳定	最大 0.80 m，平均 0.30 m	0.050 1
			最大 0.92 m，平均 0.45 m	0.061 7
稳定	稳定	稳定	最大 1.31 m，平均 0.53 m	0.073 3
			最大 1.63 m，平均 0.62 m	0.084 8

图3-38 波浪越堤现象

(2) 工程现场施工。根据现场实测数据和收集的资料表明,在印度尼西亚南岸常年的强浪环境下,长周期波浪的出现具有随机性,与潮汐表无直接关系,因此无法准确预测。工程区海域的波浪周期的变化具有突变性,24 h 内波浪周期可自 10 s 增加到 20 s,随之波高可以从 1.0 m 突变到 3.5 m,波浪周期和波高的增加代表着大波高、长周期、高能量的水流袭击防波堤时,易造成防波堤的破坏与失稳。而由于工程区往往处于欠发达地区,当地未形成有效的波浪监测与预报系统,所以需要对工程区的波浪变化规律进行深入的研究,争取能够做到大浪的预报,减少防波堤的破坏损失。

通过现场监测发现,印度尼西亚南岸的波浪变化具有如下的规律:通常在每月阴历初一、十五前后几天波浪变化会较平时剧烈,在这段时间前后几天出现强浪的概率较大;强浪来临前一般周期变化在前,波高变化在后,周期变化越大,则波浪变化越剧烈。

块体安装:护面块体采用平板汽车运输和大型吊机安装,遵循由远至近、从水下到水上、梅花布点的施工方法,做到不多放不漏放。所有块体与块体之间紧密相扣,块体与坡面紧密相连,施工现场如图 3-39 所示。

图 3-39 护面块体的吊运安装

双联块体单层随机安放两年,未见损坏,使用效果得到证实,说明无论是室内试验结果还是实际工程使用效果,我国研发的双联块体性能都达到了世界先进水平。防波堤修复前后对比如图 3-40 所示。

3.3.4 应用工程之三:印度尼西亚 KARANG TARAJE 港防波堤工程项目

1) 工程概述

印度尼西亚 GAMA 集团的 KARANG TARAJE 码头工程位于爪哇岛南岸西侧 Baya

图3-40 防波堤修复前后对比

附近的 Clietuh 岬湾内,岸线走向为西南-东北向,距离雅加达约 100 km 左右,距离东侧的 Ratu 港约 35 km(图 3-41)。建港的主要目的是用来建立具备全年大型船舶装卸货作业能力的掩护型码头,以供后方水泥厂生产使用。本工程位置直接面对印度洋。工程区位于南半球赤道无风带,波浪表现为长周期涌浪,根据爪哇岛南岸相关工程实测结果,波浪平均周期为 12 s 左右,主要来浪方向集中在南~南西南向之间,波浪条件恶劣。本项目为

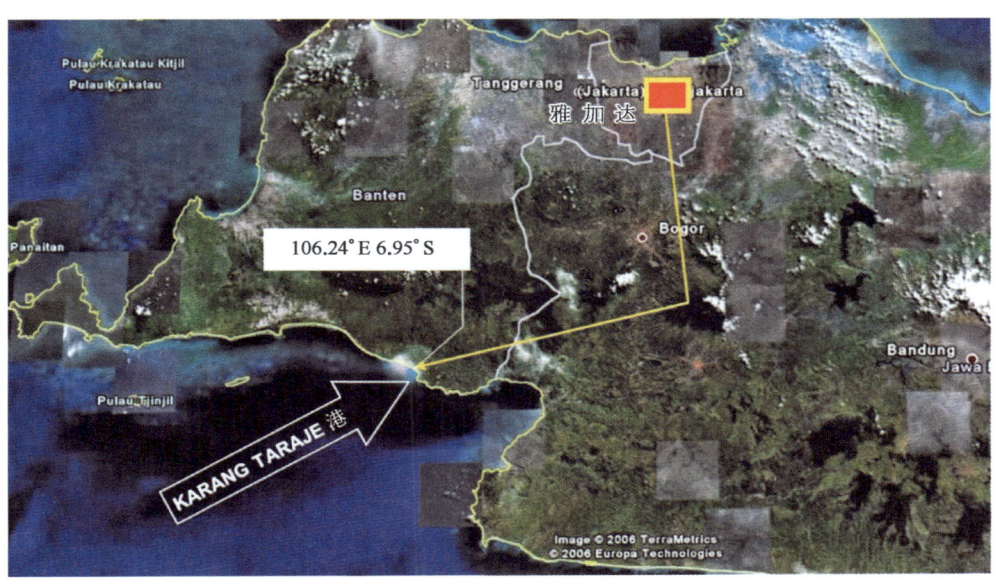

图3-41 KARANG TARAJE 港工程位置示意图

出运码头配套工程,主要内容包括工厂建设时进口设备的重件码头、三万吨级出运泊位及相应的防波堤航道等设施的建设。

防波堤一期工程拟建长度为 550 m(图 3-42),采用斜坡式结构,堤头部分(3TH)的长度为 50 m,堤身采用两种尺寸的护面块体,临近堤头部分(2TH)的堤身长度为 100 m,其余堤身结构(T2)的长度为 400 m。原设计方案中,堤头部分两侧及堤顶均为 24 000 kg 双联块体结构,护面块体坡脚处采用两层 12 000 kg 双联块体作为压脚,第一层为 4 排,第二层为 3 排;2TH 的堤身海侧采用 18 000 kg 双联块体,海侧坡脚及护底结构与堤头部分相同;第二段堤身(1TH)采用 12 000 kg 双联块体护面,该结构与第一种堤身结构基本相同。各部分结构如图 3-43～图 3-45 所示。

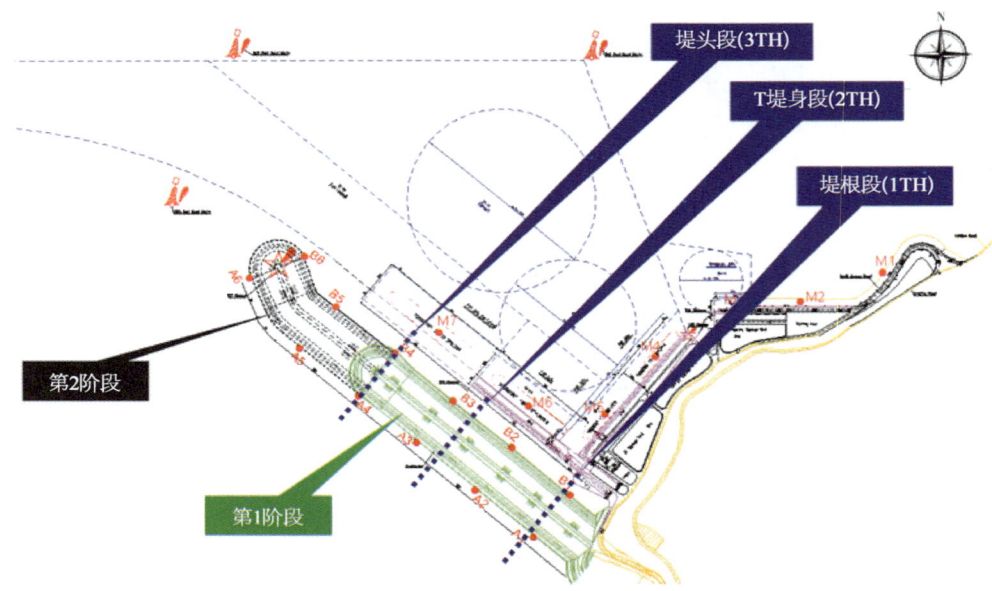

图 3-42　工程防波堤布置图

2) 自然条件

(1) 风况。

根据 BMKG(badan meteorologi klimatologi dan geofisika)气象站的资料显示,当地平均风速在 2.6～5.1 m/s,7、8 月间的最大风速可达 5.1～10.3 m/s。另外,参考 Witteveen+Bos《Karang Taraje Port Basic of Design》中基于距本区西南约 270 km 的欧洲中期天气预报中心(ECMWF)在 1992—2010 年的统计资料,拟建工程区的风况统计如图 3-46 所示,印度洋风向以南至东向(120°)为主,其最大风速 18 m/s 来自西西南(270°～300°)。

另外,本次研究还参考了西爪哇 Baya 海岸自 2006 年至今的相关统计资料,各季节风向主要集中于东南与西北向,频率分布比较集中。

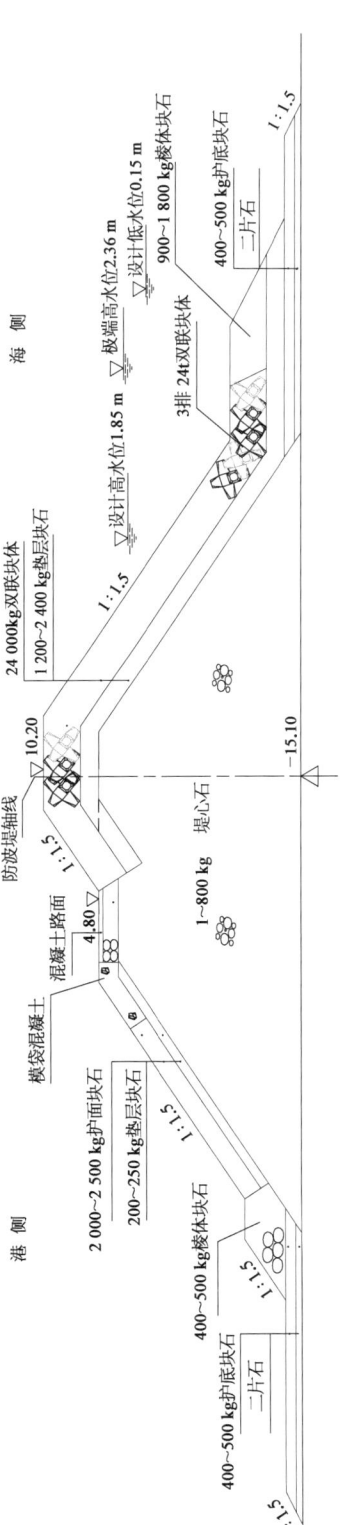

图 3-43 防波堤堤头断面结构图(3TH,单位: m)

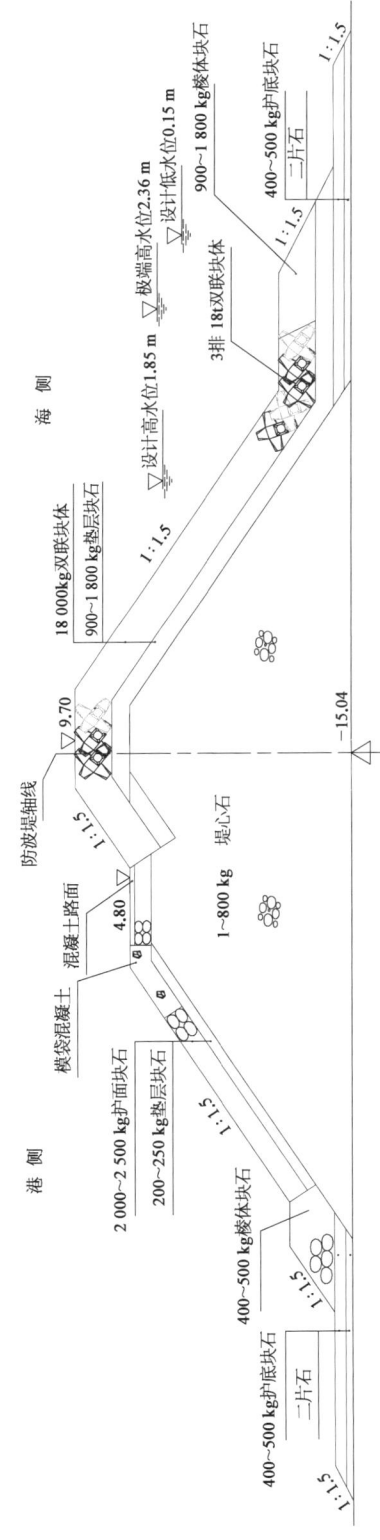

图 3-44 防波堤堤身断面结构图(2TH,单位: m)

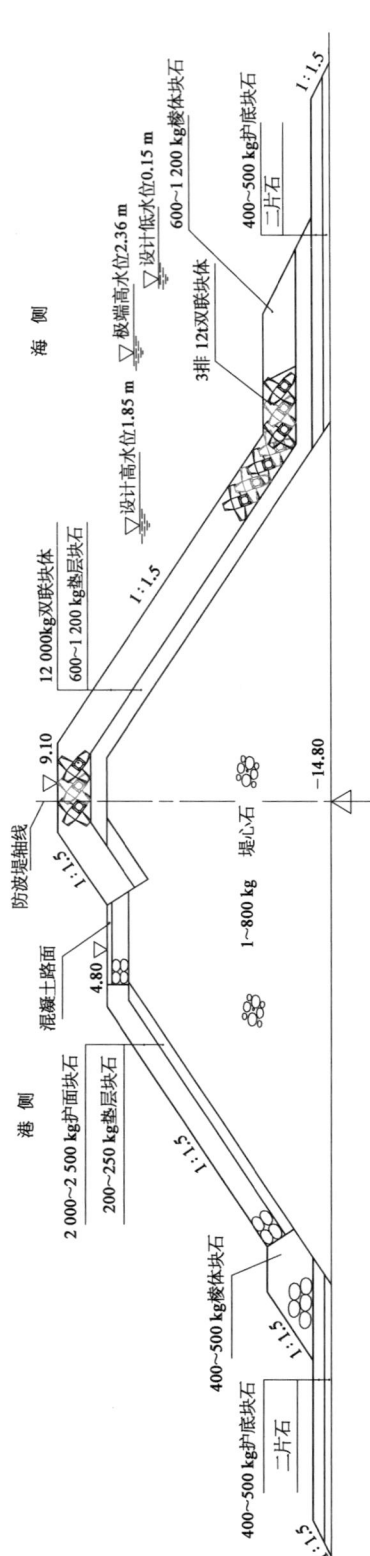

图 3-45 防波堤堤根断面结构图(1TH, 单位: m)

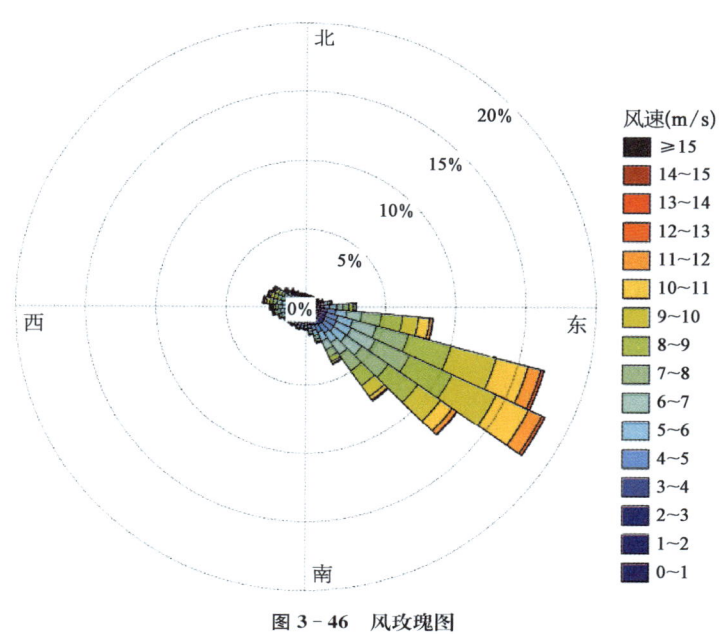

图 3-46　风玫瑰图

(2) 波浪特征。

根据 BMKG 在 2005—2011 年的统计资料显示，1—3 月和 6—12 月的平均波高在 2.0～3.0 m，4—5 月的最大波高为 2 m。另外，参考 Witteveen+Bos《Karang Taraje Port Basic of Design》报告，由 SWAN 模型计算得到的 KARANG TARAJE 近岸四个位置的波浪条件所对应的四个重现期波高结果见表 3-17。

表 3-17　基于 SWAN 模型计算得到各点不同重现期波高结果

波要素	1#（水深 25.3 m）重现期（年）		2#（水深 16.6 m）重现期（年）		3#（水深 16.8 m）重现期（年）		4#（水深 15.4 m）重现期（年）	
	10	100	10	100	10	100	10	100
H_s(m)	4.0	4.4	3.4	4.1	3.1	3.8	2.9	3.4
T_p(s)	17.7	19.1	17.6	19.0	17.5	18.9	17.3	18.9

本次研究在工程海域 20 m 水深的位置布置了短期波浪测站，以测量波高、周期及波向等，为期三个月。实测期间，拟建工程区及周边波况如图 3-47 所示，由图可知，拟建进港道路近岸区水域水面相对平静，其外侧约 500 m 附近礁石浅点处有浪花破碎，河口两侧及再远处近岸波浪则明显加大，沿岸破波带明显可见，与拟建工程区水域形成鲜明对比。

拟建防波堤堤根附近（图 3-48、图 3-49）由于临近岬头，因此近岸波浪略有增大，岸边基岩礁石处主要受破碎波影响。其邻近的岬头区是主要的波能辐聚点，波浪较强，礁石间的溅浪随处可见，踏勘期间最大溅起浪花高度可达 2 m 以上，岬角沿岸向东南侧近岸由于直接面向开敞外海，亦是波能聚集区，波浪动力较强，波高和破碎带均较大。

图 3-47 拟建进港道路附近水域波况（镜头方向西北）

图 3-48 拟建防波堤堤根附近水域波况（镜头方向北西北）

图 3-49 岬头及其西南侧附近水域波况（镜头方向南东南）

现场实测及踏勘期间,另一处波浪相对较大区域集中在拟建工程以北的河口附近(图3-50)及河口以西的沙滩,尤其由于该沙滩相对平直、宽广,不受岬湾掩护而直接受到来自西南向外海大浪的直接作用,常年波浪强烈,其最大破波带宽度可达400 m以上。

图3-50 河口附近水域波况(镜头方向西南~西)

由上述分析可见,拟建工程区处于岬湾之内,受到岬头的掩护,但其邻近的岬头附近及北侧近岸的波浪较强,河口西侧尤甚(图3-51),因此拟建工程区所在岬湾海域也将受到一定程度的影响,研究分析中对波浪的动力不容忽视。

图3-51 河口以西海岸波况明显增强、破波带也更宽(镜头方向西)

根据 2013 年 12 月 21 日—2014 年 3 月 20 日的波浪测量结果，绘制了工程海域实测波浪的波玫瑰图、$T_{1/3}$ 和 T_{max} 的分布图。从波浪测量结果看，工程海域的主波向为南西南向，实测有效波高和有效周期主要集中在 0.5～1.5 m 和 8～12 s，最大波高 H_{max} 和谱峰周期 T_p 主要集中在 1.0～2.5 m 和 12～15 s。

3）块体应用情况

（1）试验研究。

① 三维稳定性试验研究。根据防波堤设计的需要，在不同水位重现期为 50 年的波浪作用下，验证防波堤堤头块体的稳定性；在重现期为 50 年及 1 年的波浪作用下，观测波浪越浪情况，并根据试验结果对防波堤堤头结构设计提出修改建议，为设计提供科学依据。

三维整体稳定试验采用正态模型，模型按重力相似准则设计。根据试验要求，结合试验场地及设备情况，模型选用几何比尺 $\lambda = 39$，时间比尺为 $\lambda_t = 6.24$。试验主要针对防波堤堤头来进行，模型模拟了堤头和堤身长度共为 240 m，模型所用各种块体及块石质量见表 3-18。试验中所用块体如图 3-52 所示。

表 3-18 模型所使用各种块体和块石质量

类　　型	原型质量(kg)	模型质量(10^{-3} kg)
双联块体	24 000	395
	18 000	296
	12 000	197
垫层块石（港侧护面）	2 000～2 500	32.9～41.1
	1 200～2 400	19.7～39.5
	900～1 800	14.8～29.6
	600～1 200	9.9～19.7
护底块石	400～500	6.6～8.2
堤心石	1～800	0.1～13.2

护面块体采用不同颜色组合摆放，以便于试验观测。块体摆放按照方案设计要求，双联块体为单层随机摆放。摆放过程如图 3-53 所示。

堤头段稳定性：在极端高水位、重现期为 50 年的波浪作用下，大部分波浪于堤头及堤身海侧斜坡上发生破碎，破碎波水体冲击堤身护面块体，尤其在堤头处出现破碎波水体绕流。经过 6 h 波浪作用，堤身及堤顶护面块体均稳定；原设计采用的双层 12 000 kg 双联块体护脚结构在波浪作用下，海侧坡脚第一排上层块体发生滚落；在设计高水位、重现期为 50 年的波浪作用下，试验现象与极端高水位条件下基本相同；在设计低水位、重现期为 50 年的波浪作用下，波浪对防波堤作用明显小于高水位时的情况。

图 3-52 模型中使用的双联块体

图 3-53 摆放过程

堤身段稳定性:在试验中堤身段(2TH)在高水位发生越浪,越浪水体冲击堤身港侧护面块体,造成坡肩及斜坡上部部分块体发生滚落。越浪水体少于极端高水位时的越浪水体。试验现象如图 3-54 和图 3-55 所示。

通过三维稳定物理模型试验,可以得到如下主要结论。

堤头(3TH)采用 24 000 kg 双联块体作为护面结构,在不同方向、水位及不同重现期的波浪作用下,坡面及其以上部分可保持稳定;堤脚采用双层 12 000 kg 双联块体作为压脚结构,在波谷作用下第二层前排块体会滚至海侧,无法满足护脚功能。2TH 段海

图 3-54　极端高水位、重现期为 50 年的波浪作用情况

图 3-55　高水位波浪作用下的堤身段越浪现象

侧采用 18 000 kg 双联块体可保持稳定,但其堤脚压脚结构与堤头相同,同样无法满足稳定性要求;在高水位波浪作用下,由于越浪作用,堤身港侧 900～1 800 kg 垫层块石发生滚落。

由试验得到的结果对压脚结构进行修改,3TH 段及 2TH 段均采用双层 18 000 kg 双联块体,在双联块体前采用 900～1 800 kg 垫层块石形成抛填棱体,将港侧护面垫层块石质量修改为 2 000～2 500 kg。经过试验,修改后采用单层护脚结构稳定,同时堤身段港侧护面垫层块石在越浪作用下仍有滚落，但经波浪连续作用未丧失护面功能。

② 二维断面稳定性试验研究。根据试验场地、现有块体质量及试验要求，模型试验比尺为34、时间比尺为5.83、力比尺为39 304、单宽流量比尺为198.25。

模型中12 000 kg、18 000 kg双联块体采用水泥铁粉配制，质量误差与尺寸误差均满足试验规程的要求。模型中各种块石按重力比尺挑选，质量偏差控制在±5%以内，完成成品如图3-56所示。

(a) 18 000 kg双联块体　　　　　(b) 12 000 kg双联块体

图3-56　模型中的双联块体

防波堤堤身断面稳定性：依据试验技术要求，进行断面模型试验，在设计低水位、重现期为50年的波浪作用下，因波谷形成波吸力，导致海侧坡脚双层摆放的12 000 kg双联块体表层块体滚落失稳；高水位、长周期波作用时，波浪爬高后形成越浪，越浪产生的越浪流直接将混凝土路面下方毫无勾连的900~1 800 kg垫层块石冲刷破坏，从而导致上方路面破坏；港侧堤后坡18 000 kg双联块体垫层块石易被冲刷而堆积。最终通过多次优化调整后得到了稳定防波堤断面，试验结果见表3-19，试验现象如图3-57所示。

表3-19　波浪作用下堤身断面各部分稳定性结果

各单元稳定性					
海　　侧			港　　侧		
400~500 kg 护底块石	坡脚双层12 000 kg 双联块体	18 000 kg 双联块体	混凝土路面	900~1 800 kg 垫层块石	400~500 kg 护底块石
稳定	失稳	稳定	稳定	稳定	稳定
稳定	失稳	稳定	失稳	失稳	稳定

防波堤堤根稳定性：在各水位、重现期为50年的波浪作用下，断面海侧坡脚双层摆放的12 000 kg双联块体有滚落，统计最大失稳率为7.81%。高水位时，越浪流对堤后900~1 800 kg垫层块石冲刷致使少量块石滚落，主要滚落区域在与路面连接位置，未见有堤心

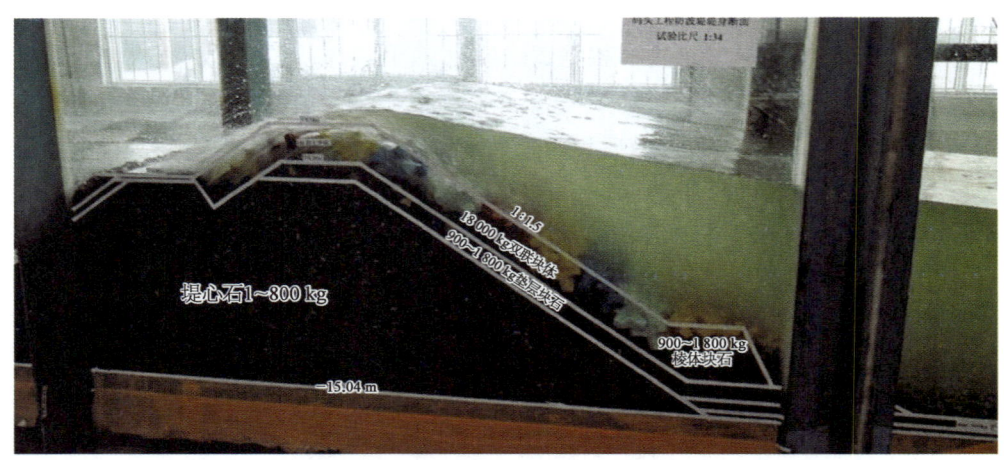

图 3-57　高水位、重现期 50 年波浪作用下的波浪越堤现象

石暴露,但部分位置块石滚落后变单层,因此判定为临界稳定。堤后坡港侧 12 000 kg 双联块体垫层块石被透浪冲击而堆积在路面下方。最终通过多次优化调整后得到稳定的防波堤断面,试验结果见表 3-20,试验现象如图 3-58 所示。

表 3-20　波浪作用下堤根断面各部分稳定性结果

各单元稳定性					
海　侧			港　侧		
400~500 kg 护底块石	坡脚双层 12 000 kg 双联块体	12 000 kg 双联块体护面	混凝土路面	900~1 800 kg 护面块石	400~500 kg 护底块石
稳定	块体滚落,失稳率为 4.69%	稳定	稳定	稳定	稳定
稳定	块体滚落,累积失稳率为 7.81%	稳定	失稳	个别滚落,稳定	稳定
稳定	块体滚落,累积失稳率为 7.81%	稳定	稳定	主要与路面连接区域失稳较明显,堤心石未见暴露,临界稳定	稳定

(2) 工程现场。

双联块体的制作见 3.3.2 节。

对于防波堤护面的施工,根据现场实测数据和收集的资料表明,印度尼西亚常年处于强浪环境,长周期波浪的出现具有随机性,与潮汐表无直接关系,因此无法准确预测。在印度洋海域的常年强浪环境下,大型的施工船舶如大型开体驳、定位船均无法使用。通过借鉴国内港池小开体驳定位抛填的施工模式,采用浮标定位与小型开体驳联合施工的水上抛填模式,有效克服了强浪环境的不利影响。

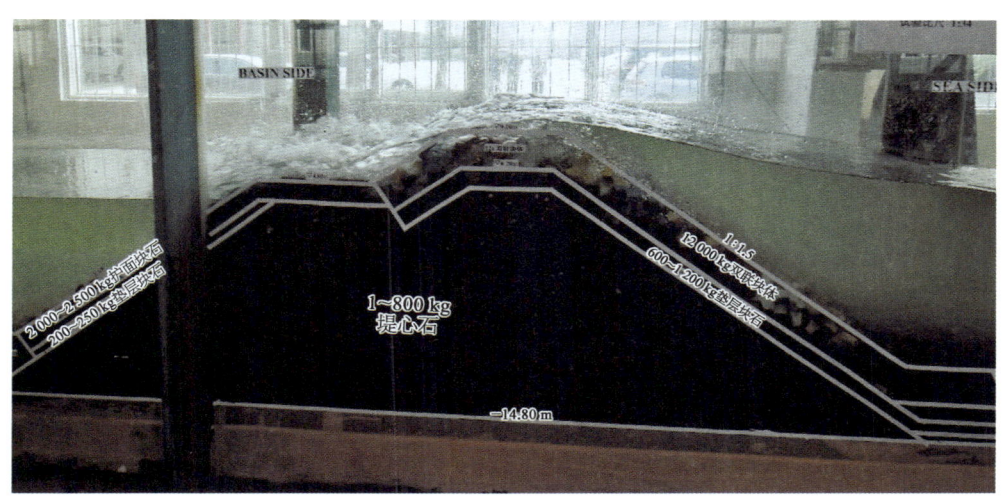

图 3-58 高水位波浪作用下的堤顶越浪现象

小型开体驳的容量仅为 45 m³，通过工程的检验，发现波高在 1.8 m 下，小型开体驳具有良好的适用性，而 4 艘开体驳日最大抛填量达 100 船次，容量约 4 000 m³。如图 3-59 所示，小型开体驳装载完成自航至需抛填区域，根据竹竿浮标定位标识，放慢航速进入开体驳抛填船位区进行卸载，施工时根据船舶航行速度及相关海况做好提前量控制，以确保块石能够抛填至指定区域内。在季风期水流较急、大浪出现频次较高的情况下，小型开体驳每月仍有大部分时间可以进行作业，填补了季风期陆上不能施工所带来的工期损失。

图 3-59 小型开体驳的施工作业

浮标定位与小型开体驳联合施工的水上抛填模式可以应用于堤心石、二片石和护底石的抛填，在常规水上抛填无法施工的强浪环境下，此方法极大地减缓了陆上推填压力，加快了防波堤推进速度。

防波堤施工完成部分情况如图 3-60 和图 3-61 所示。

图 3-60　防波堤堤根施工

图 3-61　防波堤堤头施工

双联块体的工程应用主要在于"一带一路"海外工程,工程均面对印度洋,波浪条件十分恶劣和复杂,且缺乏长期波浪观测及大范围的风、浪预报资料,通过"分析波浪条件→确定工程方案→模型试验验证→工程实施→现场观测"等综合手段,双联块体成功地应用于工程中,保障了其所应用港口的正常运行,填补了我国在异型消浪护面块体应用方面的空白,打破了国外护面块体的专利垄断,完成了对双联块体研究路线中的工程应用环节。

第 4 章

新型 TB-CUBE 消浪护面块体关键技术研究

4.1 TB-CUBE 消浪护面块体概述

港口护岸是抵御暴潮、波浪、水流侵袭,保护港口内外岸滩免遭侵蚀破坏的工程设施,护岸的布置与结构还需适应港区或城镇交通、环境、绿化等要求。党的十九大作出了建设创新型国家、交通强国的重大决策部署,并把生态文明建设提升到了前所未有的新高度。绿色发展成为高质量发展的必然要求,港口与航道的绿色智慧发展已成为全球广泛共识。

天科院从 2007 年开始,已对长江航道开展了格宾石笼、三维土工网垫和绿化混凝土结构的工程适用性研究,提出了兼具"通航-生态"功能的整治丁坝、潜堤和生态护岸、护滩新结构,并获得专利授权。为了岸滩稳定,同时兼顾生态绿色岸线,由天科院海洋水动力研究中心创新团队研发了 TB-CUBE 消浪护面块体(tetra-ball-cube block,平面组合型球形孔消浪护面块体,简称"TB-CUBE 块体")。新块体外形美观,依靠块体之相互嵌固达到稳定,形成护岸护面结构。

TB-CUBE 块体基块为正方体,包括 4 个 1/4 球形腔体、8 个 1/4 圆柱腔体、4 个 1/2 圆柱腔体。1/4 球形腔体以正方体基块相互平行的 4 条边的中点为球心,1/4 圆柱腔体以正方体基块相互平行且过 1/4 球形腔体的 4 条边为旋转轴,1/2 圆柱腔体以过 2 个 1/4 球形腔体的球心及正方体表面的几何中心的轴线为旋转轴,以上腔体均位于正方体基块上。TB-CUBE 块体三视图及轴测图如图 4-1 所示。

TB-CUBE 块体通过相互接触挤压,能够有效地提高防波堤的消浪效果,其具有以下优点:孔隙率高,节省混凝土,消浪效果好;表面平整,景观效果好,安放适应性强;外形规则,易于加工,便于安装;组合紧密,稳定性高,结构强度高。

TB-CUBE 块体的消浪机理主要为:波浪在爬坡时从孔洞内进入块体之间的消能室,在消能室内形成漩涡、冲击和摩擦,从而耗散波浪能量,达到消浪的目的。一般爬坡水体在 TB-CUBE 块体上的消能会经历以下过程:

(1) TB-CUBE 块体上表面形成的孔洞可以使爬坡水体很容易进入块体内部的消能室中,进入室内的水体相互冲击使入射波浪受阻产生相位差,从而有效减少了堤前反射波浪。

(2) 爬坡水体进入消能室后,会围绕着块体中间旋转轴产生水平方向与垂直方向的漩涡,从而会耗散大量波能。

(3) 由于 TB-CUBE 块体上下都有孔洞,所以能有效减小浮托力,从而降低块体的稳

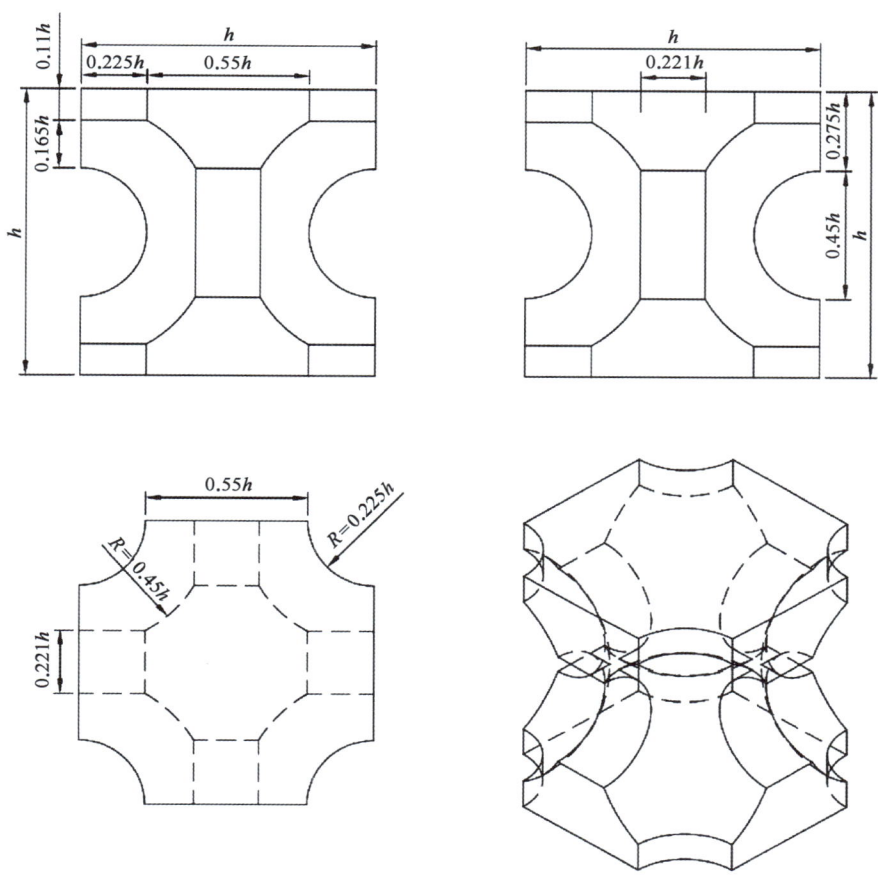

图 4-1　TB-CUBE 块体三视图及轴测图

定质量。

由 TB-CUBE 块体的三维图形测得其边长与体积之间的关系见表 4-1。块体边长 h 与体积 V 的关系曲线图如图 4-2 所示。经专业数据处理软件 Origin 拟合得出 TB-CUBE 块体体积公式为 $V=0.542h^3$。

表 4-1　TB-CUBE 块体边长与体积的对应关系

边长 h(m)	0.5	1.0	1.5	1.7	2.0	2.5
体积 V(m³)	0.068	0.543	1.831	2.665	4.340	8.477

4.2　模型试验研究

4.2.1　试验内容

采用理论分析和物理模型试验手段对 TB-CUBE 块体进行研究。理论分析主要集

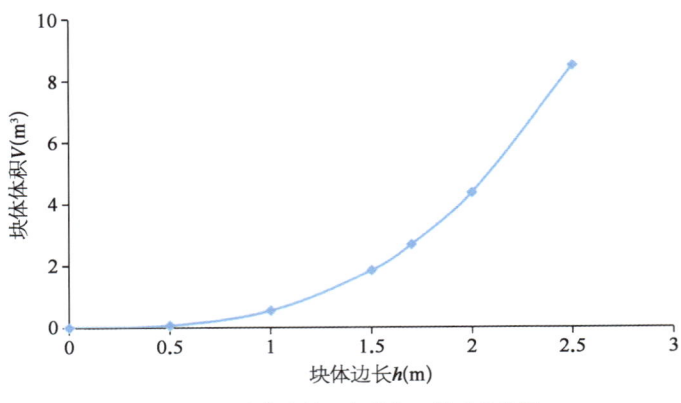

图 4-2 块体边长 h 与体积 V 关系曲线图

中在块体的体积公式、每 100 m² 上块体的混凝土用量 Q、糙渗系数 K_Δ 等。试验手段主要通过测试波浪在 TB-CUBE 块体的爬高结果,最终评价该块体消浪效果,并同时与现有同类嵌固型四脚空心方块进行比较。

4.2.2 试验组次设计

对于试验波浪的选取原则,要综合考虑试验水槽的尺寸、造波机所能产生的最大波高,《波浪模型试验规程》(JTJ/T 234—2001)中要求模型的原始入射波的规则波波高不小于 2×10^{-3} m,波周期不应小于 0.5 s 等,确定了试验工况的相关参数,具体试验参数见表 4-2。

表 4-2 试验波要素(模型值)

水深 d(m)	周期 T(s)	波高 H(m)	波陡 H/L
0.3	1.2	0.06/0.08/0.10/0.12/0.15	0.03~0.085
	1.5	0.06/0.08/0.10/0.12/0.15	0.026~0.064
	1.8	0.06/0.08/0.10/0.12	0.021~0.042
	2.2	0.06/0.08/0.10/0.12	0.017~0.033
	2.5	0.06/0.08/0.10/0.12	0.014~0.029
0.4	1.2	0.06/0.08/0.10/0.12/0.15/0.18	0.031~0.093
	1.5	0.06/0.08/0.10/0.12/0.15/0.18	0.023~0.069
	1.8	0.06/0.08/0.10/0.12/0.15/0.18	0.018~0.055
	2.2	0.06/0.08/0.10/0.12/0.15/0.18	0.015~0.044
	2.5	0.06/0.08/0.10/0.12/0.15/0.18	0.013~0.038

相关参数:

① 模型试验堤前水深选取两种:0.3 m、0.4 m;

② 模型试验周期选取五种：1.2 s、1.5 s、1.8 s、2.2 s、2.5 s；
③ 模型试验坡度 $m = \cot \alpha$（α 为斜坡坡角）：$m=1.5$、$m=2$、$m=2.5$；
④ 模型试验采用规则波，波高以 0.02 m 为增幅，从 0.06 m 逐渐增加。

4.2.3 试验断面确定

试验断面的设计依据 JTS 154—2018 的相关规定进行确定。试验断面采用抛石斜坡堤，为了保证波浪作用下堤顶不产生越浪，整个断面设定高度为 0.65 m（模型值，下同），模型底面设定高程为 0.0 m。断面护面块体采用 TB-CUBE 块体，安放方式采用规则摆放。其垫层块石采用对应护面块体质量 1/10～1/20 的块石，坡度分别设置为 1∶1.5、1∶2、1∶2.5 三种，块体坡脚采用反压混凝土块支撑，坡度为 1∶2。试验断面如图 4-3 所示。

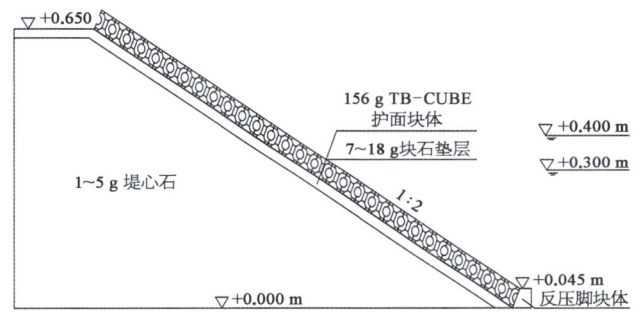

图 4-3 设计试验断面（模型）示意图

4.2.4 试验设备

TB-CUBE 块体研究的试验设备同 2.2.1 节中米字型块体的试验设备。

4.2.5 模型设计与制作

模型设计和各物理量相似关系同 2.2.1 节。根据试验场地、现有块体质量及试验要求，模型选用几何比尺为 $\lambda=40$、力比尺为 $\lambda_F=64\,000$、时间比尺为 $\lambda_t=6.32$、单宽流量比尺为 $\lambda_q=253.0$。

TB-CUBE 块体模型的模具采用 3D 打印机制作，相比于传统制模方式，3D 打印制模大大提高了制模效率、节省了时间、降低了成本。本次模型试验块体模型质量为 156×10^{-3} kg，相当于质量为 10×10^3 kg 的原型块体。TB-CUBE 块体模型如图 4-4 所示。

4.2.6 试验方法

1）波浪率定

在摆放物理模型之前需要对试验工况波要素进行率定。将给定的平均波高及周期输

图 4-4　TB-CUBE 块体模型

入计算机进行波谱模拟,经过修正后,使峰频附近谱密度、峰频、谱能量、平均波高等满足《波浪模型试验规程》(JTJ/T 234—2001)的要求,即:规则波的平均波高和波周期的允许偏差应为±5%。但是一般为了保证防波堤的安全,率定波高要比理论波高在误差范围内大一些。

图 4-5 给出了 $d=0.3$ m、$T=1.2$ s、$H=0.06$ m 工况时的率定实测值与理论值波高对比图。由图可知:实测值与理论值之间符合较好,满足规范要求。

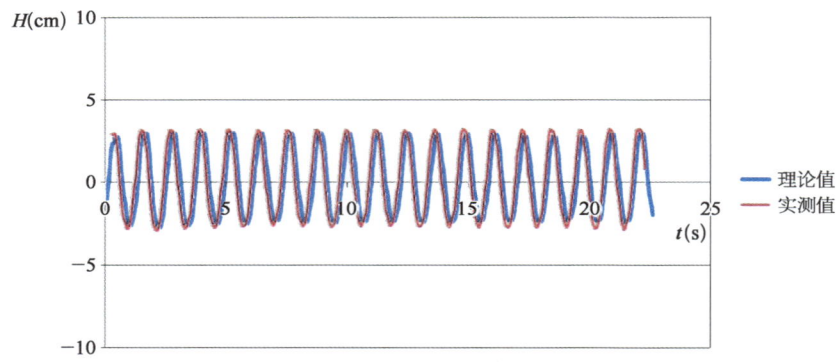

图 4-5　试验率定结果

2) 消浪特性测量

模型中通过测量波浪在 TB-CUBE 块体表面的爬高(图 4-6)程度进行消浪评估。试验使用日本波高仪对堤前波高进行监测采集,并通过其自带分析软件分析出了波浪在不同波况下的反射系数。

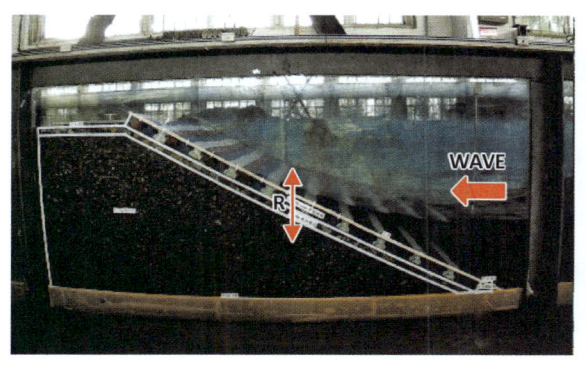
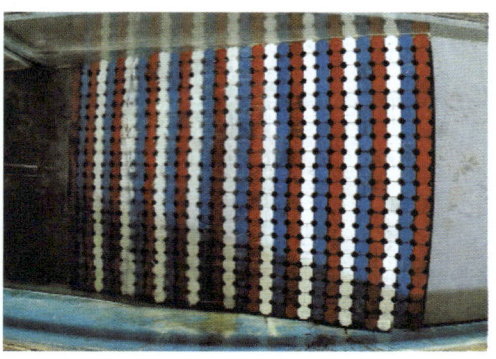

图 4-6 波浪爬高示意图

4.3 试验结果与分析

4.3.1 TB-CUBE 块体设计参数测试试验

1) 每 100 m² 护面层的混凝土用量 Q

护面块体数目和其混凝土用量是工程造价重要的组成部分之一,也是工程上确定是否采用该块体的影响因素之一。TB-CUBE 块体混凝土用量 Q 的测定,同样根据 JTS 154—2018 中人工块体混凝土用量计算式,即式(2-2)、式(2-3)。TB-CUBE 块体混凝土用量与质量之间的关系如图 4-7 所示。

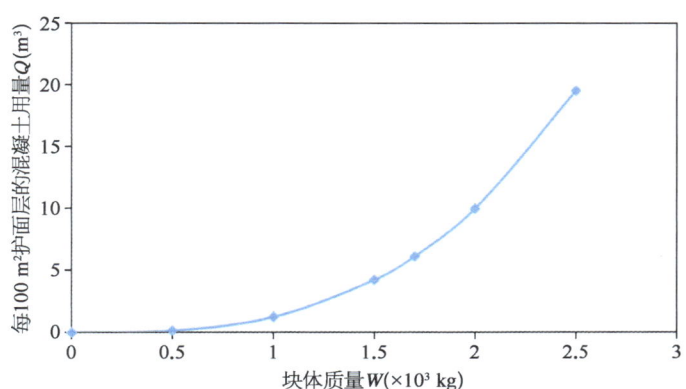

图 4-7 TB-CUBE 块体混凝土用量与质量之间的关系

2) 糙渗系数 K_Δ

为了了解新型消浪块体阻碍波浪爬高和消浪的能力,需要通过试验先测量块体糙渗系数 K_Δ。在其迎浪侧面安放不透水板和 TB-CUBE 块体,在两种不同护面结构形式下进行对比试验,通过两种断面的摆放情况,分别测量相同试验条件下波浪爬高结果,其中试验条件为:规则波作用,堤前水深 $d=0.30$ m,周期 $T=1.2\sim2.2$ s,坡度 $m=1.5\sim2.5$,波高 $H=0.06\sim0.10$ m,保持堤顶始终无越浪。TB-CUBE 块体糙渗系数 K_Δ 分析结果见表 4-3。TB-CUBE 块体与各种常用护面结构形式的糙渗系数见表 4-4。

表 4-3 TB-CUBE 块体糙渗系数 K_Δ 结果

试验组次	试验波高	爬高值(m)		糙渗系数 K_Δ		
		不透水板	TB-CUBE 块体	不透水板	TB-CUBE 块体	
					实测值	平均值
1	$H=0.06$ m, $T=1.2$ s	0.18	0.08	1.0	0.45	
2	$H=0.08$ m, $T=1.2$ s	0.24	0.13	1.0	0.55	
3	$H=0.10$ m, $T=1.2$ s	0.29	0.20	1.0	0.69	
4	$H=0.06$ m, $T=1.5$ s	0.16	0.11	1.0	0.69	
5	$H=0.08$ m, $T=1.5$ s	0.24	0.16	1.0	0.65	
6	$H=0.10$ m, $T=1.5$ s	0.27	0.21	1.0	0.77	0.67
7	$H=0.06$ m, $T=1.8$ s	0.14	0.11	1.0	0.77	
8	$H=0.08$ m, $T=1.8$ s	0.22	0.14	1.0	0.62	
9	$H=0.10$ m, $T=1.8$ s	0.26	0.18	1.0	0.72	
10	$H=0.06$ m, $T=2.2$ s	0.16	0.12	1.0	0.75	
11	$H=0.08$ m, $T=2.2$ s	0.24	0.17	1.0	0.68	
12	$H=0.10$ m, $T=2.2$ s	0.31	0.22	1.0	0.71	

表 4-4 各种护面形式糙渗系数 K_Δ

序号	护面结构形式	糙渗系数 K_Δ
1	整片光滑不透水护面	1.00
2	混凝土护面	0.90
3	砌石	0.75~0.80
4	块石(安放一层)	0.60~0.65
5	四脚空心方块(安放一层)	0.55
6	块石(抛填两层)	0.50~0.55
7	混凝土方块(抛填两层)	0.50
8	TB-CUBE 块体	0.67

4.3.2 TB-CUBE 块体消浪特性试验

为了解 TB-CUBE 块体的消浪效果,试验设计了不同堤前水深、坡度、周期、波高组次,测量波浪在 TB-CUBE 块体上的爬高情况。一般波浪作用在防波堤时,其波浪能量主要会在以下几个方面进行耗散或者进行转化:

(1)入射波与反射波在堤前进行叠加时,可能会发生破碎而导致能量耗散。

(2) 波浪会在斜坡堤的表面发生破碎,此时水体会因紊动而消能。

(3) 来波的波浪能会在波浪爬坡的过程中转化为势能,在爬坡水体回落的过程中,势能又转化成了动能,水体开始沿斜坡回流。

(4) 波浪在爬坡的过程中会因护面块体的消能作用而耗散掉一部分能量,而且爬坡水体会沿空隙进行渗流运动而耗散部分能量。

(5) 当堤身因为堤心石透水或者发生堤顶越浪而在堤后形成透射波时,波浪能会转化为透射波的能量。

在不同水深、坡度情况下,波浪在新型块体表面爬高如图4-8～图4-10所示,由试验可以看出由于TB-CUBE块体组成的块体群在护面层表面形成了孔洞,波浪在爬坡的过程中在护面层上形成了紊流并伴随形成了气泡,待水流通过块体表面孔洞进入内部以后会在块体内部形成紊流,于是波浪的能量得以耗散,波浪的爬高得以降低。在试验过程中还发现由于块体在与垫层石接触的表面具有孔洞,使得进入块体内部的水流会渗透到堤心石内部,使得水流的渗透性有一定的滞后性,这使得块体下层的波浪爬高比块体上层的小。但是在水流爬坡回流的时候正好相反,块体下部的水流回流速度比块体上层的慢,其存在的水面浸润线高于静水面线。各试验工况下,TB-CUBE块体波浪爬高结果与堤前来波反射系数见表4-5和表4-6。

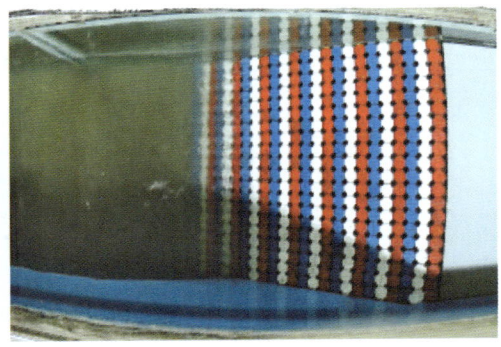

图4-8 坡度 $m=1.5$,波浪在 TB-CUBE 块体表面的爬高现象

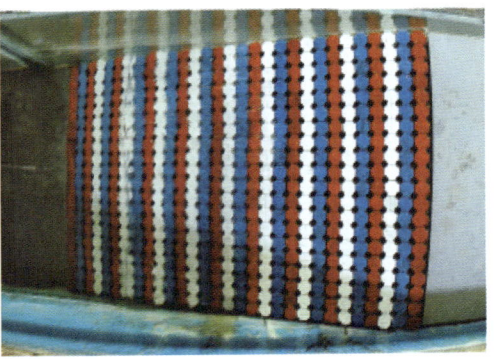

图4-9 坡度 $m=2.0$,波浪在 TB-CUBE 块体表面的爬高现象

图 4-10 坡度 $m=2.5$,波浪在 TB-CUBE 块体表面的爬高现象

表 4-5 水深 0.3 m 波浪作用下,爬高 R、反射系数 K_r 结果

周期 T(s)	波高 H(m)	坡度 $m=1.5$		坡度 $m=2.0$		坡度 $m=2.5$	
		R(m)	K_r	R(m)	K_r	R(m)	K_r
1.2	0.06	0.083	0.31	0.089	0.27	0.086	0.18
	0.08	0.133	0.28	0.17	0.25	0.120	0.17
	0.10	0.199	0.28	0.205	0.25	0.172	0.17
	0.12	0.244	0.27	0.259	0.25	0.216	0.13
	0.15	0.338	0.19	0.326	0.23	0.287	0.09
1.5	0.06	0.110	0.43	0.102	0.28	0.090	0.24
	0.08	0.155	0.42	0.147	0.24	0.131	0.21
	0.10	0.205	0.40	0.192	0.21	0.168	0.20
	0.12	0.227	0.39	0.228	0.21	0.224	0.20
	0.15	0.338	0.46	/	/	/	/
1.8	0.06	0.110	0.55	0.102	0.44	0.094	0.32
	0.08	0.138	0.53	0.147	0.43	0.131	0.32
	0.10	0.183	0.54	0.237	0.43	0.179	0.32
	0.12	0.249	0.54	0.259	0.44	0.246	0.33
2.2	0.06	0.116	0.68	0.116	0.58	0.109	0.43
	0.08	0.166	0.72	0.174	0.56	0.172	0.43
	0.10	0.216	0.72	0.232	0.54	0.220	0.43
	0.12	0.282	0.73	0.281	0.53	0.268	0.41
2.5	0.06	0.116	0.60	0.125	0.64	0.097	0.41
	0.08	0.171	0.57	0.174	0.63	0.157	0.37
	0.10	0.221	0.54	0.237	0.65	0.227	0.36
	0.12	0.271	0.49	0.317	0.63	0.283	0.34

注:"/"表示试验数据不可用,下同。

表 4-6 水深 0.4 m 波浪作用下，爬高 R、反射系数 K_r 结果

周期 $T(s)$	波高 $H(m)$	坡度 $m=1.5$		坡度 $m=2.0$		坡度 $m=2.5$	
		$R(m)$	K_r	$R(m)$	K_r	$R(m)$	K_r
1.2	0.06	0.116	0.37	0.114	0.28	0.120	0.16
	0.08	0.171	0.34	0.168	0.26	0.139	0.15
	0.10	0.216	0.33	0.195	0.25	0.191	0.13
	0.12	0.260	0.32	0.262	0.22	0.205	0.12
1.5	0.06	0.110	0.41	0.105	0.34	0.105	0.24
	0.08	0.149	0.40	0.155	0.32	0.168	0.22
	0.10	0.188	0.39	0.199	0.29	0.217	0.21
	0.12	0.232	0.37	0.266	0.26	0.250	0.20
1.8	0.06	0.110	0.51	0.092	0.42	0.090	0.35
	0.08	0.121	0.51	0.128	0.45	0.139	0.35
	0.10	0.171	0.50	0.172	0.49	0.153	0.34
	0.12	0.232	0.50	0.217	0.48	0.194	0.31
	0.15	0.266	0.51	/	/	0.272	0.29
2.2	0.06	0.094	0.65	0.101	0.51	0.090	0.38
	0.08	0.121	0.66	0.132	0.50	0.113	0.37
	0.10	0.182	0.69	0.172	0.50	0.165	0.39
	0.12	0.210	0.69	0.222	0.48	0.191	0.39
	0.15	0.282	0.69	/	/	/	/
2.5	0.06	0.110	0.61	0.101	0.61	0.090	0.38
	0.08	0.155	0.58	0.150	0.62	0.146	0.36
	0.10	0.205	0.57	0.199	0.62	0.194	0.33
	0.12	0.255	0.55	0.244	0.62	0.235	0.32

根据上述试验结果可以得出：坡度 m、堤前水深 d、波坦 L/H 对波浪在新块体表面的爬高 R 和反射系数 K_r 的试验规律，具体如下。

1) 坡度 m 对 R 和 K_r 的影响

由表 4-5 和表 4-6 结果进行统计分析，得到不同坡度 m 对波浪爬高 R 和反射系数 K_r 影响的变化趋势，如图 4-11 和图 4-12 所示。

(1) 对爬高 R 的影响。由图 4-11 可知：坡度 $m<2$ 时，不同周期情况下 $(R/H)-m$ 的变化规律基本上是一致的，相对爬高随着坡度的增大，其变化幅度比较明显。当坡度 $m>2$ 时，相对爬高随着坡度的增加而逐渐减小。

总体 $(R/H)-m$ 的曲线基本上呈现单峰状态，即爬高是随着斜坡堤坡度的增加先增大后减小。当斜坡堤从缓坡逐渐向陡坡变化时，入射波浪会发生完全反射，波浪基本上不

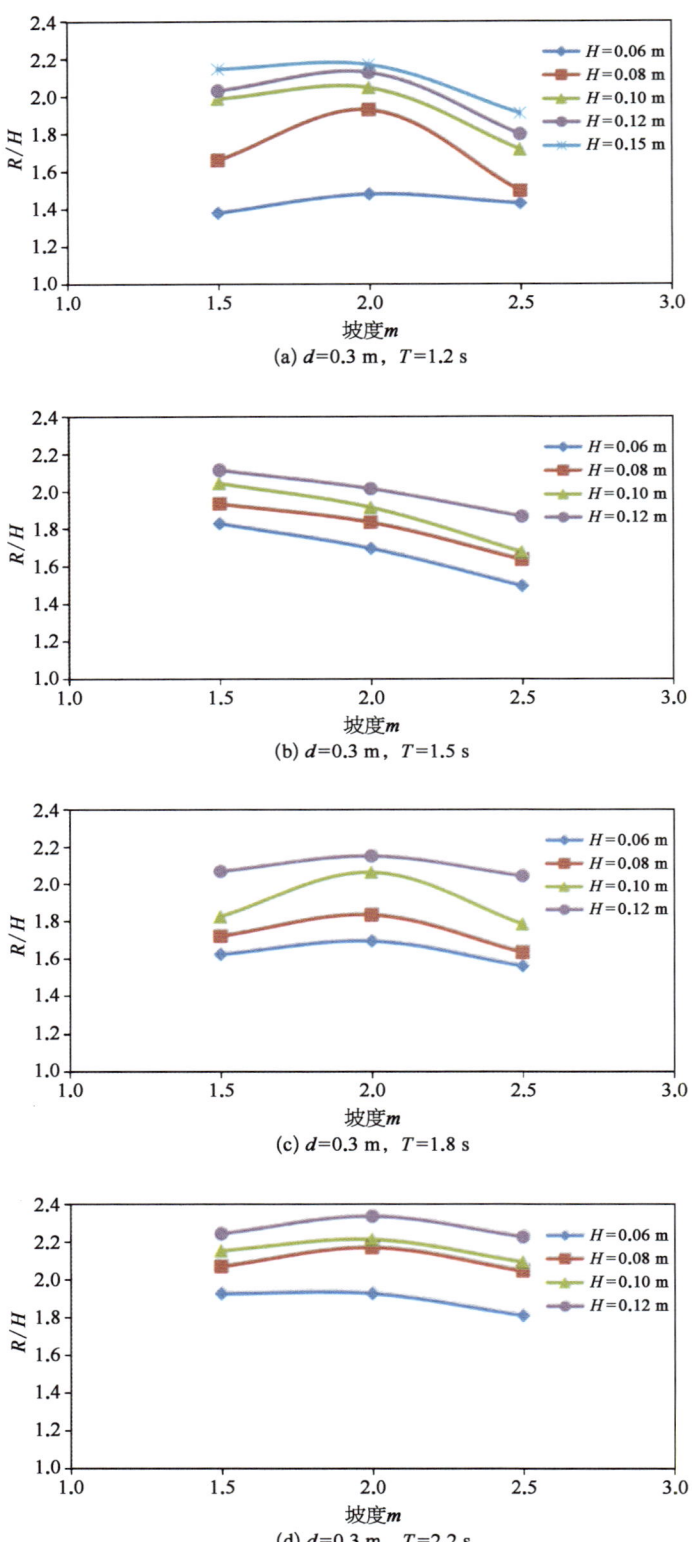

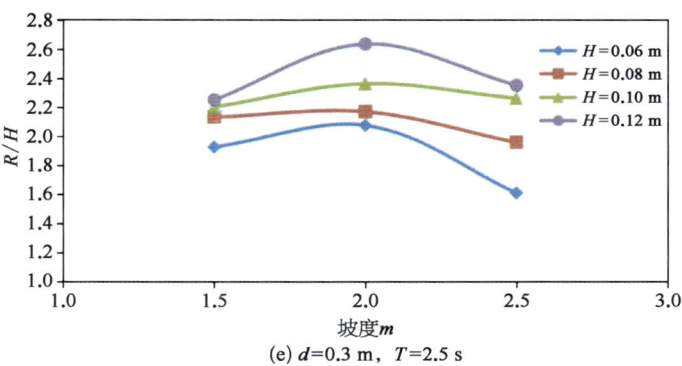

(e) $d=0.3$ m, $T=2.5$ s

图 4-11 不同波浪作用下,相对爬高 R/H 随坡度 m 的变化趋势图

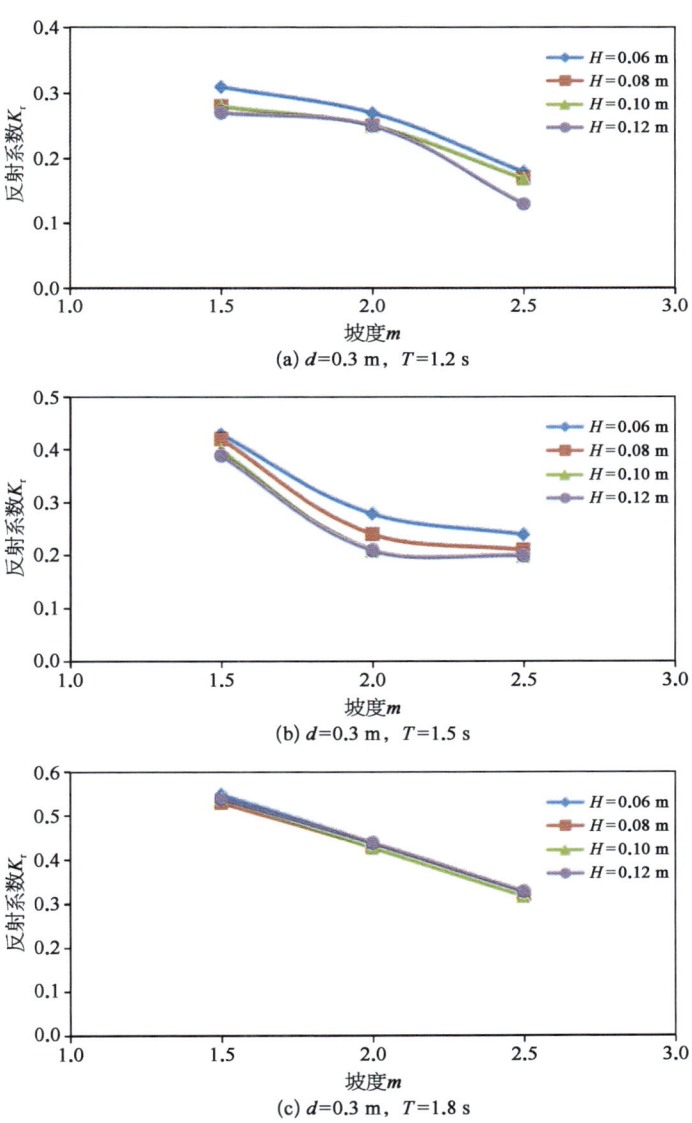

(a) $d=0.3$ m, $T=1.2$ s

(b) $d=0.3$ m, $T=1.5$ s

(c) $d=0.3$ m, $T=1.8$ s

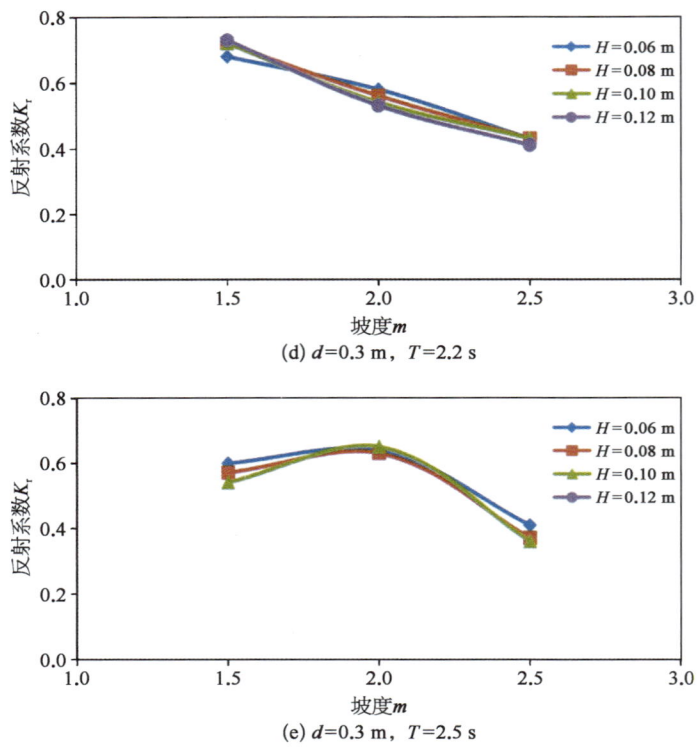

(d) $d=0.3$ m, $T=2.2$ s

(e) $d=0.3$ m, $T=2.5$ s

图 4-12 不同波浪作用下，反射系数 K_r 随坡度 m 的变化趋势图

会破碎，此时波浪形态会由完全立波变成不完全立波。当坡度逐渐变缓时，波浪会随着坡度变小使堤前的入射波浪反射率有所减小，此时大多数波浪能会转变为爬坡的势能，所以爬高在坡度较大时增加比较快。当坡度 m 大到某一个临界值时，入射波浪会在堤前发生轻微的破碎现象，此时入射波浪的波峰少量破碎且还未影响到入射波浪的波峰线，波浪在斜坡堤上的爬高仍然会继续增加，直到达到爬高的最大值。当斜坡堤坡度 m 逐渐增加的时候，爬坡水体回流作用逐渐变大，波浪破碎程度会逐渐变大，波浪形态变成破碎立波，而随着波浪破碎的逐渐加剧，波浪破碎所损耗的能量增加值会大于反射波能量的减少值，所以波浪的爬高值会有所减小。当斜坡堤的坡度 m 继续增大时，波浪会发生整体破碎，此时的波浪形态为卷破波，而波浪在破碎的时候会消耗大量的波浪能量，同时由于坡度的逐渐变大，爬坡水体在护面层的运动距离增加，再由于消浪块体的消浪作用使破碎波浪紊动消能，波浪爬高开始逐渐下降。

根据目前国内外研究资料，被大家普遍认可的爬高与坡度之间的关系一般用下列式子表达：

$$\frac{R}{H}=f(1/m) \text{ 或 } \frac{R}{H}=f[1/(1+m^2)^{1/2}] \tag{4-1}$$

（2）对反射系数 K_r 的影响。由图 4-12 可知：随着坡度的逐渐变大，堤前波浪的反射系数逐渐减小。这说明随着坡度逐渐变缓,通过爬坡过程的摩阻损耗以及 TB-CUBE 块体的紊动耗能,使波浪回流水体的能量大为减小,反射波的能量因此降低。同时我们也可以看出在相同坡度条件下波高越小反射系数越大,说明 TB-CUBE 块体对于小波高条件下消浪效果并不是很好,同时也在侧面反映出在面对大波高时 TB-CUBE 块体更具优势。但是,在 $T=2.5\text{ s}$ 时,出现了随着坡度的逐渐增加,反射系数先增加后急剧减小的趋势,说明波浪在 TB-CUBE 块体上不是坡度 m 越大反射率越小。结合试验现场现象分析原因:当周期和坡度达到某一值时,爬坡水体层会在块体表层形成一层薄薄的水膜,使得爬高值增大的同时,块体对爬坡水体能量的耗散相对较小,使回流水体具有较大能量,反射波具有较大能量使得反射系数增加;但当坡度继续增大时候,水体爬坡时的水膜消失,消浪块体加大了对爬坡水体能量的耗散,使得反射系数又逐渐降低。

2)水深 d 对 R 和 K_r 的影响

目前,国内外关于堤前水深对于波浪爬高的影响研究甚少,由于试验条件、试验方法上存在的问题,迄今为止尚未有学者系统全面地对此做出研究。根据之前的研究成果,一般认为:当堤前水深 $d/H \geqslant 3.0$ 时,可以不考虑水深对波浪爬高的影响;当堤前水深 $d/H < 3.0$ 时,需要考虑堤前水深对爬高的影响;当堤前水深 $d/H = 1.5 \sim 2.0$ 时,会出现最大爬高。以上结论虽然可以作为参考,但局限性较大。

(1)对爬高 R 的影响。水深对爬高的影响如图 4-13 所示,由图可知:随着相对水深的增加,波浪爬高呈现先减小后增加的趋势。当 $d/L < 0.12$ 时,随着水深的逐渐增加,通过块体的孔洞进入块体内部的水流越来越多,块体内部水体的紊乱程度越来越大,块体的消浪效果越来越强。当 $d/L = 0.12$ 时,波浪在块体上的爬高值出现了最小值,说明此时块体对于波浪的消浪效果到达了最佳状态。当 $d/L > 0.12$ 时,随着水深的继续增加,爬坡水体层厚度也在逐渐增加,此时已经逐渐逼近块体的最大消浪能力,块体的消浪效果逐渐减弱,波浪在块体上的爬高又逐渐增加。

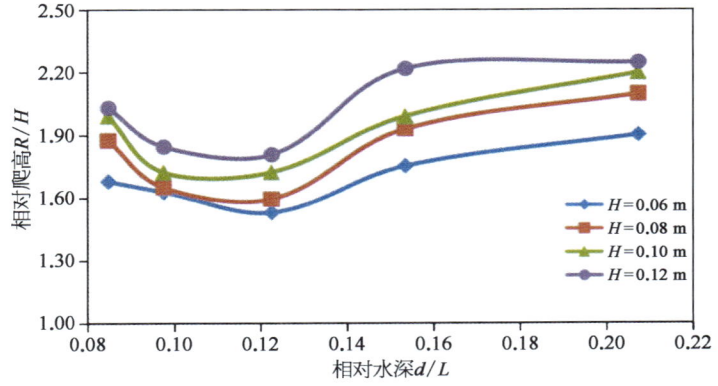

图 4-13 波浪相对爬高时随相对水深的变化规律趋势图($m=2$)

(2) 对反射系数 K_r 的影响。水深对反射系数的影响如图 4-14 所示，由图可知：随着水深的逐渐增加，堤前的波浪反射率逐渐减小；当 $d/L>0.10$ 时，随着波高的逐渐增加，堤前波浪反射系数出现了小幅度增加的趋势；当 $d/L>0.12$ 时，反射系数又随着波高的逐渐增加呈现出逐渐减小的趋势。分析其原因：当堤前水深较浅时，波高越大，波浪爬高越大，但是水深小时会在块体表面形成一层水膜，导致块体消浪效果不佳，使得反射波具有较大能量，反射系数逐渐增加；而随着堤前水深的逐渐增加，爬坡水体层厚度越来越大，在大波高的工况条件下块体逐渐发挥其消浪效果，使得堤前反射波具有的能量越来越小，故堤前反射系数又随着波高的逐渐增加而减小。

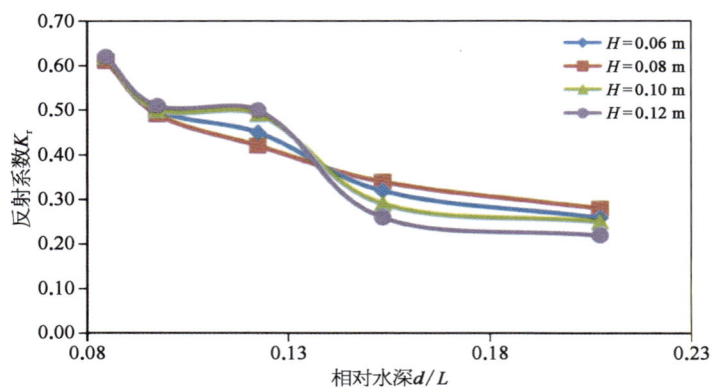

图 4-14 堤前反射系数随相对水深的变化规律趋势

3) 波坦 H/L 对 R 和 K_r 的影响

1956 年美国学者 Savilles 对波浪爬高进行了较为全面的研究后发现，波浪的爬高会随着波坦的增加而逐渐增加。目前，国内应用的波浪与波坦之间的关系主要有三种形式：$R/H \propto (L/H)$、$R/H \propto (L/H)^{1/2}$、$R/H \propto (L/H)^{1/3}$ 对于目前在拟合公式时一般使用较多 $R/H \propto (L/H)$、$R/H \propto (L/H)^{1/2}$，而 $R/H \propto (L/H)^{1/3}$ 的相对误差在 $L/H=10\sim15$ 范围内比较大。所以如果波浪爬高不考虑波坦的影响，则公式不能正确反映波浪的真实爬高。周期在 $1.2\sim1.8\,\mathrm{s}$ 范围，随着水深的增加波浪爬高逐渐增加，但是当周期大于 $1.8\,\mathrm{s}$ 后，波浪爬高随着水深的增加波浪爬高反而会逐渐减小。从现场的试验观测来看，当周期小、水深大时，爬坡水层厚度会变大，造成水体来不及进入块体的内部进行能量耗散，但当波浪周期逐渐变大时，水体的爬坡时间会相对延长，使得水体能完全进入块体内部进行消能，而水深小时块体的优势将成劣势，所以会形成此种现象。

(1) 对爬高 R 的影响。按照前述研究思路，得到相对爬高 R/H 随波坦 L/H 的变化趋势如图 4-15 所示，由图可知：波浪爬高随着波坦的增加变化不明显。分析原因为：当坡度 $m=1.5\sim2.5$ 时，波浪形态基本上为激破波和卷破波，波浪会在斜面上经历波浪部分破碎和完全破碎的过程。当波浪部分破碎时，波浪爬高主要受入射波和反射波叠加的影响，而此时波坦对波浪的爬高影响较小。当波浪在斜面完全破碎时，TB-CUBE 块体的紊动消能能力便会凸显出来，根据试验数据可以看出，因为块体消能的影响，波浪爬高并未跟随波坦的变化发生明显变化。

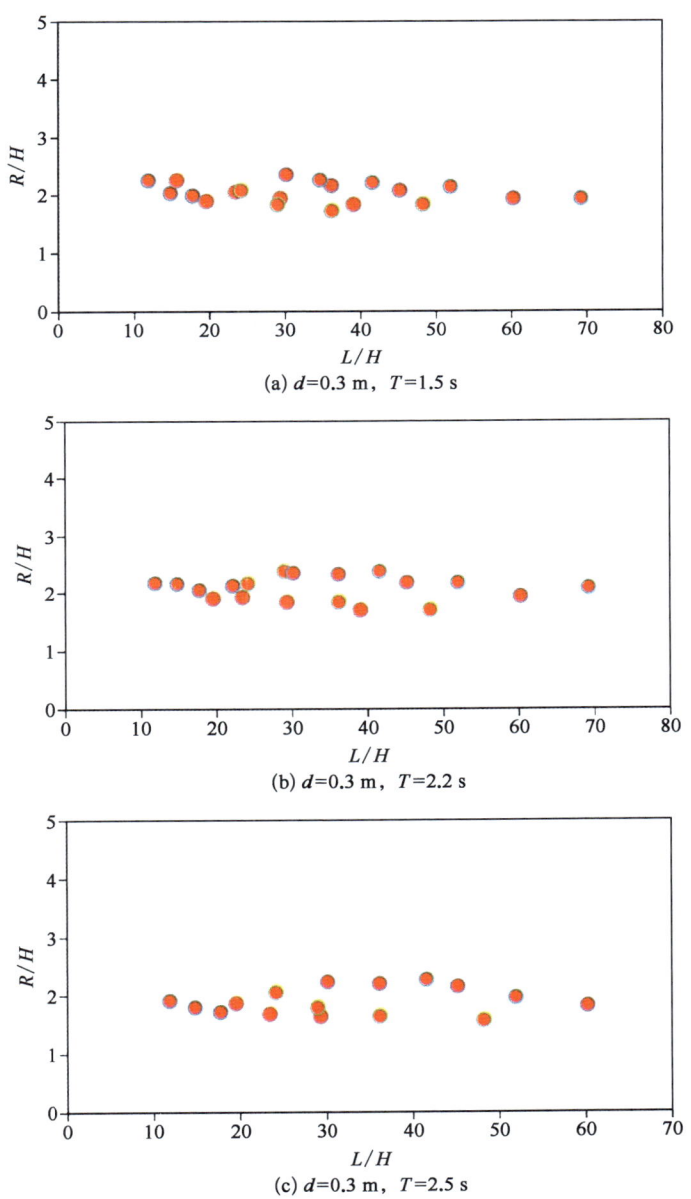

图 4-15 不同波浪作用下，相对爬高 R/H 随波坦 L/H 的变化趋势

（2）对反射系数 K_r 的影响。堤前反射系数 K_r 随 L/H 的变化趋势如图 4-16，由图可知：堤前波浪反射率随着波坦的变大呈现出先增加后趋于平缓再继续增加的趋势。分

析原因为：随着波坦的增大，爬坡水体层厚度较小，在块体表面形成一层水膜导致块体消浪效果不佳，反射波具有较大能量；随着波坦的持续增加，水膜消失，块体的消浪作用持续增加，反射波具有能量进入一个相对稳定区，反射系数缓慢增加；随着波坦的继续变大，爬坡水体层厚度增加，块体的消浪能力无法承受，使得反射波具有较大能量，反射系数又持续增加。

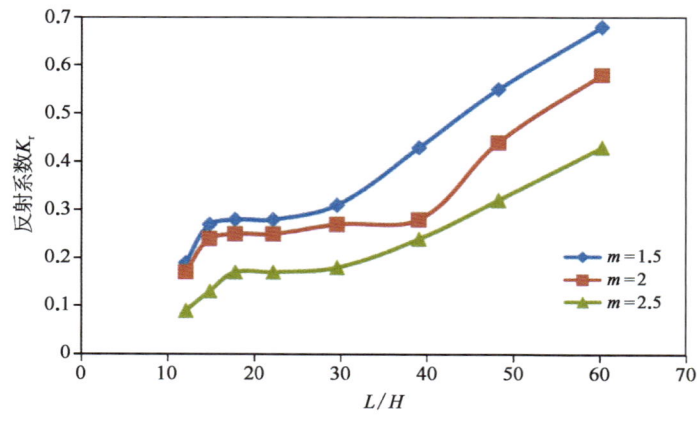

图 4-16　堤前反射系数 K_r 随 L/H 的变化趋势

4）破波参数对 R 和 K_r 的影响

为了综合考虑入射波高、波长和斜坡堤坡度对波浪爬高的影响，现引入一个综合的系数来反应波浪的破碎形态——伊里巴伦（Irribarren）数，一般我们称为破波参数。破波参数有两种，具体见下式：

$$\xi_0 = \frac{\tan\beta}{(H_0/L_0)^{1/2}}, \quad \xi_b = \frac{\tan\beta}{(H_b/L_0)^{1/2}} \tag{4-2}$$

式中　β——斜坡堤坡度，下标 0 表示深水波要素，下标 b 表示破碎点波要素。其中破波参数的破波类型分界线见表 4-7。

表 4-7　破波类型分界表

破波参数	ξ_0	ξ_b
崩破波	<0.5	<0.4
卷破波	0.5～3.3	0.4～2.0
激破波	>3.3	>2.0

根据波浪在深水中的波陡和近岸水底的坡度，一般有三种类型的破碎波：

（1）崩破波。即波浪开始的时候会在波峰的顶部出现白色的浪花，然后由于波浪向前的不断传播，使得波峰顶部的白色浪花不断出现，最后会一直到海岸线附近。其产生条件一般是深水、大波陡的情况，其水底的坡度比较平缓。

(2) 卷破波。即波峰的前沿面开始的时候会变得比较陡,随后会成舌状的波浪形态,随着舌状波峰渐渐向下翻卷,最后又会返回水体中发生破碎。其产生条件一般是深水、中波陡的情况,其水底的坡度中等。

(3) 激破波。即波峰前后的水体开始变得不对称,随后波峰前沿水体会从根部开始发生破碎,最后波峰前面水体会展现出非常杂乱的破碎状态,并且会沿着斜坡堤的坡面进行爬坡耗散能量。

由于破波参数包含了波陡与坡度这两个影响波浪爬高的主要因素,所以国内外大多数学者都采用破波参数来确定波浪爬高曲线。不同工况下破波参数的结果见表 4-8。

表 4-8 不同工况下的破波参数

坡度 m	水深 d(m)	波长 L(m)	不同波高 H(m)				
			0.06	0.08	0.10	0.12	0.15
1.5	0.3	1.77	3.62	4.49	4.46	4.07	3.47
		2.34	4.16	4.81	4.62	4.14	3.50
		2.89	4.63	5.07	4.75	4.19	3.52
		3.61	5.17	5.36	4.88	4.25	3.55
		4.15	5.54	5.55	4.97	4.29	3.56
	0.4	1.93	3.78	4.58	4.51	4.09	3.48
		2.61	4.40	4.94	4.69	4.17	3.51
		3.27	4.92	5.23	4.82	4.23	3.54
		4.11	5.52	5.54	4.96	4.29	3.56
		4.73	5.92	5.73	5.05	4.32	3.58
2.0	0.3	1.77	2.72	2.91	2.70	2.37	1.99
		2.34	3.12	3.12	2.79	2.41	2.01
		2.89	3.47	3.29	2.87	2.44	2.02
		3.61	3.88	3.48	2.95	2.48	2.03
		4.15	4.16	3.60	3.00	2.50	2.04
	0.4	1.93	2.84	2.98	2.73	2.38	1.99
		2.61	3.30	3.21	2.83	2.43	2.01
		3.27	3.69	3.40	2.91	2.46	2.03
		4.11	4.14	3.60	3.00	2.50	2.04
		4.73	4.44	3.72	3.05	2.52	2.05
2.5	0.3	1.77	2.17	2.08	1.83	1.56	1.29
		2.34	2.50	2.24	1.89	1.59	1.30
		2.89	2.78	2.36	1.94	1.61	1.31
		3.61	3.10	2.49	2.00	1.63	1.32
		4.15	3.33	2.58	2.03	1.65	1.32

(续表)

坡度 m	水深 d (m)	波长 L (m)	不同波高 H (m)				
			0.06	0.08	0.10	0.12	0.15
2.5	0.4	1.93	2.27	2.13	1.85	1.57	1.29
		2.61	2.64	2.30	1.92	1.60	1.31
		3.27	2.95	2.43	1.97	1.62	1.32
		4.11	3.31	2.57	2.03	1.64	1.32
		4.73	3.55	2.67	2.07	1.66	1.33

从表 4-8 中我们可以看出当坡度 $m=1.5$ 时,破波参数都大于 3.3,此时波浪形态都为激破波;当坡度 $m=2$、波高 $>0.1\,\mathrm{m}$ 时,波浪形态为卷破波,波高 $<0.1\,\mathrm{m}$ 时大多为激破波;当坡度 $m=2.5$ 时,大多为卷破波,个别长周期小波高的情况下波浪形态为激破波。

图 4-17 描述的是破波参数 ξ_0 与相对爬高 R/H 之间的关系,由图可知,当破波参数大于 2.5 时,相对爬高随破波参数的增大呈现的是缓慢增长的趋势,波浪在斜坡堤上的状态为激破波,此时波浪在 TB-CUBE 块体上的爬高与破波参数之间是一种非线性的缓慢变化关系;当破波参数小于 2.5 时,波浪状态大多数是卷破波,此时波浪完全破碎,波浪的反射比较小,波浪在 TB-CUBE 块体上的爬高与破波参数之间存在着较好的线性关系,此时相对爬高会随着破波参数的增大而增大。

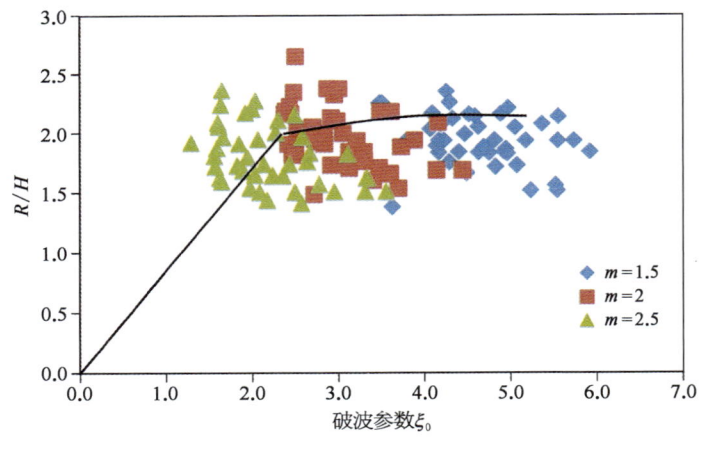

图 4-17 破波参数与相对爬高关系

4.3.3 TB-CUBE 块体与现有四脚空心方块体对比试验

四脚空心方块体在我国是一种使用较多的护面块体,例如在港珠澳大桥拱北湾海域的应用,其消浪效果比较理想,但其在争夺海外市场时很容易遭遇专利问题,而 TB-CUBE 块体目前看来可以替代该块体,所以在相同的试验工况下,对相同模型质量的四脚空心方块体与 TB-CUBE 块体的波浪爬高与堤前反射系数做了对比分析,更直观地反映了 TB-CUBE 块体的一些消浪特性。测试得到的四脚空心方块体的数据结果见表 4-9 和表 4-10。

表 4-9　水深 $d=0.3$ m 时四脚空心方块体的波浪爬高结果

周期 T(s)	波高 H(m)	坡度 $m=1.5$		坡度 $m=2.0$		坡度 $m=2.5$	
		R(m)	K_r	R(m)	K_r	R(m)	K_r
1.2	0.06	0.127	0.32	0.102	0.22	0.083	0.19
	0.08	0.166	0.29	0.156	0.21	0.116	0.17
	0.10	0.194	0.30	0.174	0.18	0.142	0.16
	0.12	0.233	0.29	0.214	0.16	0.179	0.13
	0.15	0.294	0.23	0.272	0.11	0.220	0.10
1.5	0.06	0.110	0.49	0.116	0.36	0.105	0.27
	0.08	0.160	0.47	0.143	0.35	0.153	0.26
	0.10	0.199	0.48	0.170	0.35	0.187	0.24
	0.12	0.216	0.47	0.223	0.33	0.198	0.23
	0.15	0.299	0.48	0.272	0.34	0.279	0.22
1.8	0.06	0.116	0.60	0.107	0.43	0.090	0.35
	0.08	0.160	0.58	0.143	0.40	0.120	0.36
	0.10	0.194	0.57	0.214	0.39	0.172	0.35
	0.12	0.233	0.58	0.237	0.38	0.216	0.37
2.2	0.06	0.127	0.74	0.102	0.57	0.094	0.47
	0.08	0.171	0.74	0.156	0.56	0.153	0.46
	0.10	0.233	0.79	0.192	0.53	0.190	0.45
	0.12	0.277	0.76	0.237	0.53	0.242	0.44
2.5	0.06	0.122	0.63	0.102	0.57	0.090	0.45
	0.08	0.183	0.58	0.187	0.51	0.146	0.39
	0.10	0.216	0.56	0.214	0.51	0.198	0.37
	0.12	0.299	0.51	0.272	0.50	0.257	0.35

表 4-10　水深 $d=0.4$ m 时四脚空心方块体的波浪爬高结果

周期 T(s)	波高 H(m)	坡度 $m=1.5$		坡度 $m=2.0$		坡度 $m=2.5$	
		R(m)	K_r	R(m)	K_r	R(m)	K_r
1.2	0.06	0.116	0.39	0.110	0.28	0.090	0.18
	0.08	0.155	0.36	0.132	0.26	0.120	0.18
	0.10	0.182	0.37	0.168	0.23	0.142	0.16
	0.12	0.238	0.31	0.195	0.20	0.153	0.14

(续表)

周期 $T(s)$	波高 $H(m)$	坡度 $m=1.5$		坡度 $m=2.0$		坡度 $m=2.5$	
		$R(m)$	K_r	$R(m)$	K_r	$R(m)$	K_r
1.5	0.06	0.088	0.46	0.105	0.36	0.087	0.28
	0.08	0.133	0.46	0.146	0.34	0.131	0.26
	0.10	0.160	0.46	0.181	0.33	0.153	0.24
	0.12	0.216	0.44	0.231	0.31	0.183	0.22
	0.15	0.266	0.42	0.220	0.20		
1.8	0.06	0.083	0.57	0.101	0.42	0.075	0.35
	0.08	0.127	0.58	0.137	0.41	0.101	0.35
	0.10	0.149	0.57	0.172	0.40	0.150	0.34
	0.12	0.210	0.58	0.222	0.41	0.191	0.32
	0.15	0.238	0.60	0.253	0.39	0.220	0.30
2.2	0.06	0.083	0.70	0.105	0.57	0.068	0.40
	0.08	0.121	0.73	0.141	0.56	0.101	0.41
	0.10	0.166	0.74	0.168	0.58	0.142	0.41
	0.12	0.210	0.74	0.213	0.56	0.176	0.41
	0.15	0.255	0.76	0.275	0.56	0.231	0.39
2.5	0.06	0.094	0.65	0.105	0.56	0.090	0.43
	0.08	0.121	0.61	0.150	0.52	0.135	0.40
	0.10	0.182	0.56	0.199	0.51	0.179	0.37
	0.12	0.249	0.56	0.248	0.49	0.224	0.36

由表 4-5、4-6 和表 4-9、4-10 可知：TB-CUBE 块体的反射系数在 0.08～0.74，四脚空心方块体的反射系数在 0.13～0.76。

（1）两种块体反射系数对比。如图 4-18 所示，由图可知：TB-CUBE 块体的反射系数在坡度 $m=1.5$ 和 2.5 时总体上都要小于四脚空心方块体的反射系数，说明 TB-CUBE

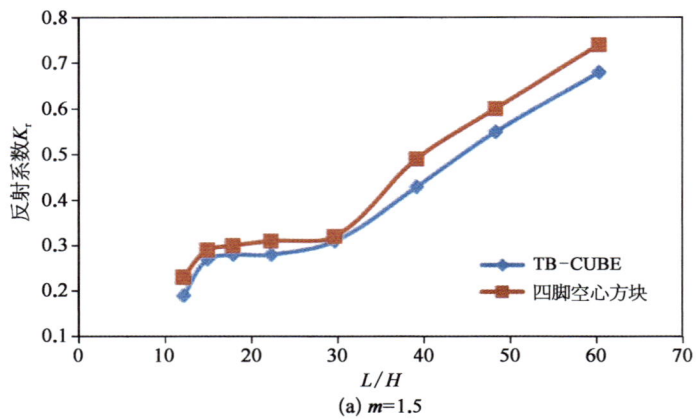

(a) $m=1.5$

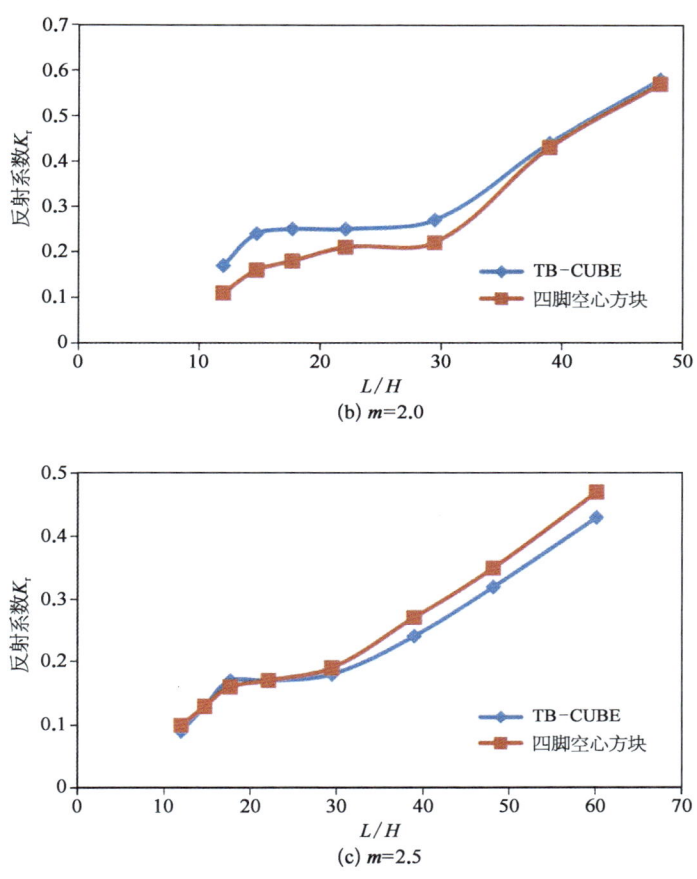

图 4-18 不同坡度下波坦 L/H 与反射系数 K_r 关系

块体在整体上的消浪效果要比四脚空心方块体要好一些。当坡度 $m=2$ 时,四脚空心方块体的堤前波浪反射系数要比 TB-CUBE 块体的小,说明对于坡度 $m=2$,TB-CUBE 块体的消浪效果没有四脚空心方块体好。同时可以看出两种消浪块体的反射系数都是随着波坦的逐渐增加呈现出先增加后增速趋缓,然后再加速增加的一个趋势。

(2) 两种块体的波浪爬高对比。如图 4-19 和图 4-20 所示,由图可知:不同波坦条件下,坡度 $m=1.5\sim2.5$ 时两种块体的波浪爬高值基本上都是随着波坦的逐渐增加而变化不明显。虽然如此,但是通过图 4-18 的 K_r 能说明在坡度 $m=1.5$ 和 2.5 附近时 TB-CUBE 块体在相同工况条件下的消浪效果更好一些,而在坡度 $m=2$ 附近时四脚空心方块的消浪效果要好一些。

不同水深条件下,两种块体的波浪爬高都是随着相对水深的逐渐增加而呈现出先减小后增加的趋势。在 $m=2$、$H=0.06$ m 的条件下波浪在 TB-CUBE 块体的爬高要比四脚空心方块的小;随着波高的增加,在 $H=0.08$ m、$d/L<0.14$ 时,波浪在 TB-CUBE 块体上的爬高要小一些,当 $d/L>0.14$ 时,波浪在四脚空心方块上的爬高要小一些;当波高

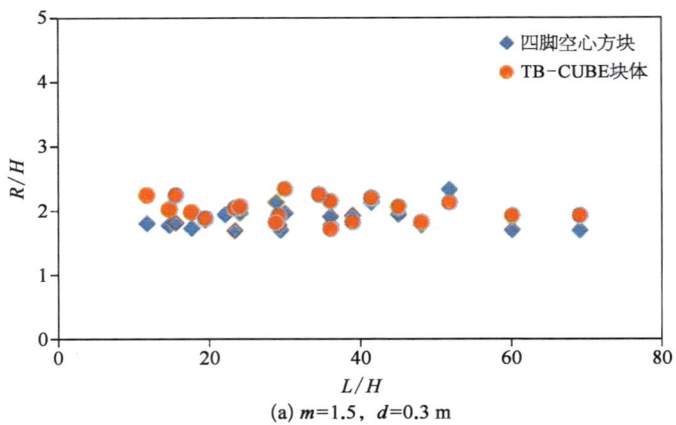

(a) m=1.5,d=0.3 m

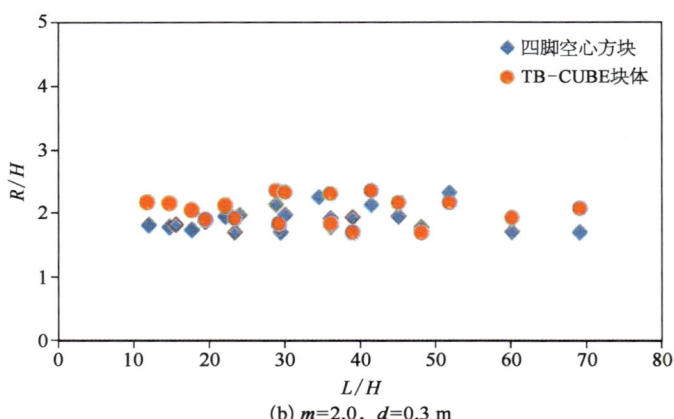

(b) m=2.0,d=0.3 m

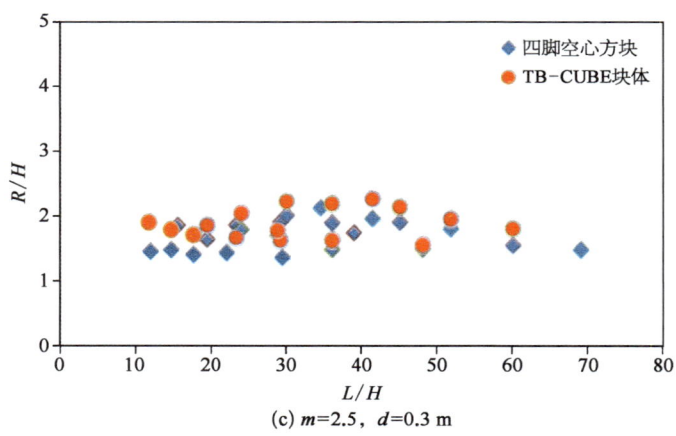

(c) m=2.5,d=0.3 m

图 4-19 不同坡度下波坦 L/H 与相对爬高 R/H 关系图

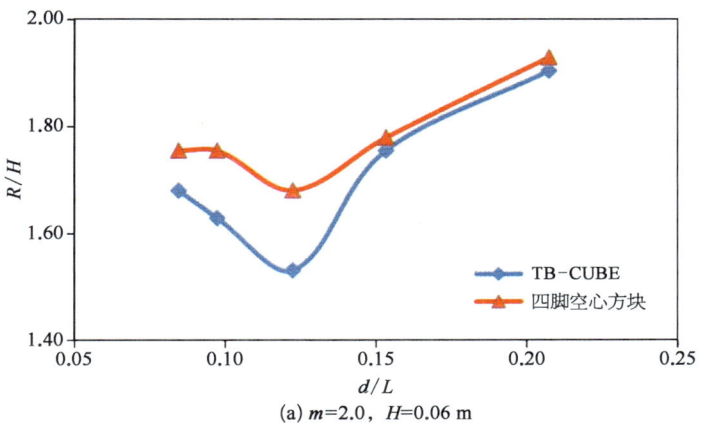

(a) $m=2.0$,$H=0.06$ m

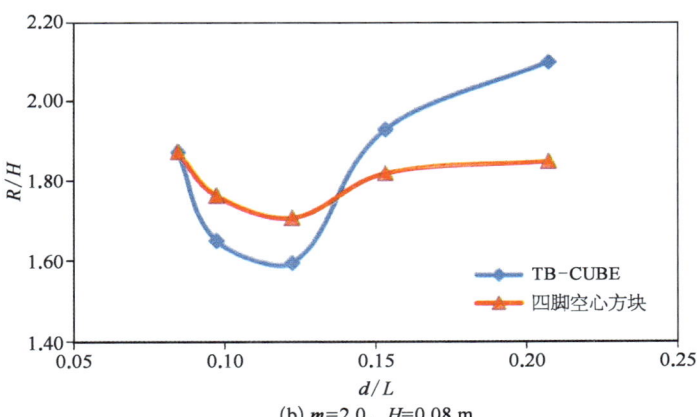

(b) $m=2.0$,$H=0.08$ m

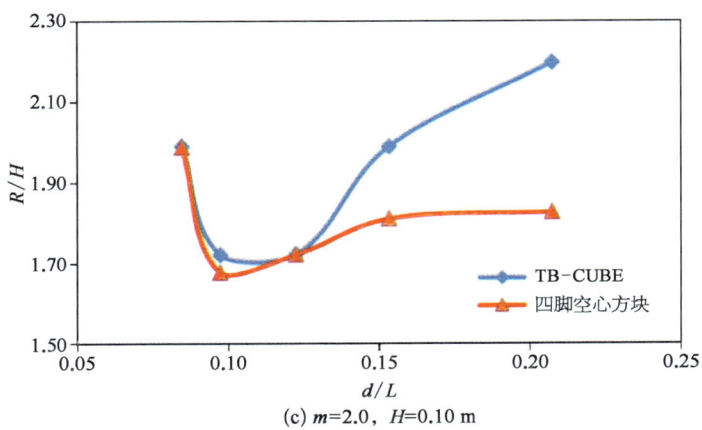

(c) $m=2.0$,$H=0.10$ m

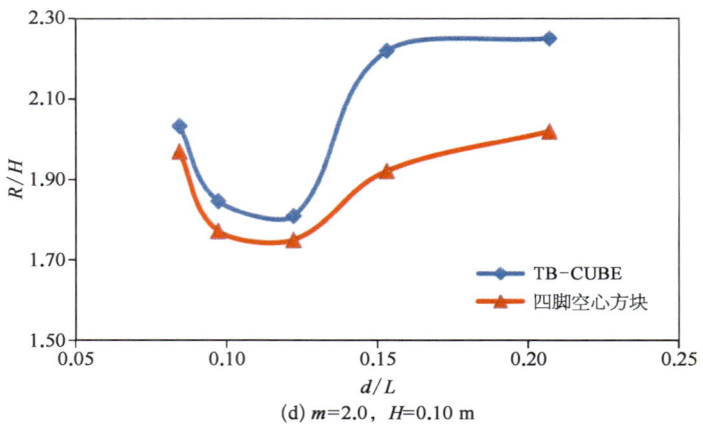

(d) $m=2.0$,$H=0.10$ m

图 4-20　不同条件下爬高随相对水深的变化曲线图

继续增加,波浪在四脚空心方块的爬高要小于在 TB-CUBE 块体上的爬高,当相对水深较浅时波浪在两种块体上的爬高值相差较小,当相对水深较深时,爬高值相差较大。

通过本章的介绍,我们可以得出以下结论。

（1）在国家提出的"绿色港口""生态护岸"理念的基础上,研发了依靠块体间相互挤靠嵌固稳定的新型平面组合型球形孔消浪护面块体——TB-CUBE 块体。

（2）通过物理模型试验研究,得到了 TB-CUBE 块体糙渗系数 K_Δ 和混凝土用量 Q。

（3）通过物理模型试验研究,得到 TB-CUBE 块体的波浪爬高和消浪机理,并归纳总结出如下规律：

① 坡度与爬高的关系：爬高随着斜坡堤坡度的增加呈现先增后减的趋势,基本上呈现单峰状态。

② 水深与爬高的关系：随水深增加,爬高呈现先减后增的趋势,波浪反射系数则呈现逐渐减小的趋势。

③ 波坦与爬高的关系：在坡度 $m=1.5\sim 2.5$ 时,随着波坦的逐渐增大,波浪爬高变化不明显,但反射系数随着波坦的变大呈现出先增后增速趋缓再加速增加的趋势。

④ 破波参数与爬高关系：当破波参数大于 2.5 时,波浪爬高随破波参数的增加呈现出缓慢增长的趋势,破波参数小于 2.5 时爬高与破波参数之间存在着较好的线性关系,此时爬高会随着破波参数的增大而增大。

（4）通过将 TB-CUBE 块体与四脚空心方块体的对比分析,得到在坡度 $m=1.5$、$m=2.5$ 附近时 TB-CUBE 块体消浪效果较好,而在坡度 $m=2$ 附近时四脚空心方块体的消浪效果较好。

第 5 章

新型块体关键技术工程应用总结与研究展望

5.1 新型块体关键技术工程应用总结

5.1.1 关键技术总结

（1）回顾了抛石斜坡堤、护面块体国内外发展和研究现状，通过对现有块体在外观、经济性和稳定性方面的对比分析，提出了新型块体研发的原则和思路。

（2）结合 Xbloc 块体和扭王字块体的各自优点，团队研发了米字型块体，并通过物理模型试验研究得出该块体的设计参数：形状系数 c、块体空隙率 P'、糙渗系数 K_Δ、块体稳定系数 K_D、每 100 m² 安放块体个数 N 和混凝土用量 Q，以及新块体最优形状。还探究了米字型块体的消浪、失稳机理，提出了块体在工程上可以采用规则和随机两种安放方式，并且提出块体安放在 1∶1.5～1∶2 的坡度是较为合适的。目前新型块体已经获国家专利局颁发的实用新型专利证书。

（3）结合"一带一路"海外工程，面对恶劣水文条件，团队研发了双联块体，并通过物理模型试验研究得出双联块体设计参数：形状系数 c、块体空隙率 P'、糙渗系数 K_Δ、块体稳定系数 K_D、每 100 m² 安放块体个数 N 和混凝土用量 Q。并且通过试验验证和优化，最终得到了双联块体的破坏修复稳定断面，为设计提供基础数据和技术指导。目前双联块体已经获国家专利局颁发的实用新型专利证书。

（4）遵循"绿色港口""生态护岸"的建港理念，团队研发了 TB-CUBE 块体，并通过物理模型试验研究，得到了 TB-CUBE 块体糙渗系数 K_Δ 和混凝土用量 Q，以及波浪在 TB-CUBE 块体表面爬高和消浪机理，并得出在坡度 $m=1.5$、$m=2.5$ 附近时 TB-CUBE 块体消浪效果好。目前 TB-CUBE 块体已经获国家专利局颁发的实用新型专利证书。

5.1.2 工程应用总结

目前推广应用于实际工程中的新型护面块体有两种，为米字型块体和双联块体，两种新型块体在各自的工程中均发挥应有作用，并产生了巨大的社会和经济效益。

（1）米字型块体成功应用于原生态大比尺波浪水槽。原生态大比尺波浪水槽开展试验过程中，接待了社会参观活动和高校学生参观学习近 100 次，参观人数近 1 500 人次，同时取得了丰硕的研究成果和巨大的经济效益。

（2）双联块体成功应用于"一带一路"建设中的多个涉外工程，填补了我国在异型消浪护面块体研发应用方面的空白，打破了国外护面块体的专利垄断，也为"一带一路"涉外港口防波堤建设过程中多提供了一种护面块体的选择；因双联块体性能优越，施工方便，使工程成本降低了 10% 以上，同时为中资企业先后取得印度尼西亚多个滨海电站港口工程；通过配合工程进行的大量模型试验，进一步论证了双联块体的技术性能和技术参数，为将来编入规范、推广应用提供了技术支持。

5.2 研究展望

5.2.1 工程应用方向

（1）2013 年我国先后提出共建"丝绸之路经济带"和"21 世纪海上丝绸之路"的倡议，"一带一路"沿线国家多是新兴国家和发展中国家，涵盖的总人口约 44 亿，包括港口、铁路、公路、电力、航空、通信等领域，经济总量约 21 万亿美元[1,2]。对此，中资企业积极参与"一带一路"沿线国家涉水交通工程项目建设，作为单位海外技术输出的窗口，我中心研究创新团队从 2006 年以来，已参与了近 40 个港口工程建设咨询技术工作。对于港口建设防波堤与护岸工程，我国研发的新型护面块体具有广泛应用前景，并已在印度尼西亚市场上已经得到验证。

（2）对港口、江河沿线的发展必须从中华民族的长远利益考虑，走生态优先、绿色发展之路。从 2007 年开始，天科院已对长江航道开展了格宾石笼、三维土工网垫和绿化混凝土结构的工程适用性研究，提出了兼具"通航-生态"功能的整治坝体和生态护岸、护滩结构新结构，为了岸滩稳定，同时兼顾生态绿色岸线，团队研发了 TB-CUBE 块体，相信通过长期的研究试验，TB-CUBE 块体应能很快地推广于实际工程应用。

5.2.2 港口与近海岸工程专业方向

新型块体是在了解国内外已有成熟产品和整理相关研究成果的基础上，通过的理论分析和试验研究并系统论证后而研发的，目前已有米字型块体和双联块体成功应用于实际工程中，这为新型块体的下一步推广与应用提供了科学依据，还有助于提高我国交通水运行业的整体实力。

新型块体研发关键技术的进步将提升我国交通水运行业的技术创新水平，明显增强在深水港口建设中新技术的研发能力。本书讨论的块体研发形成的新技术、新方法和技术标准等可用于推广到深水港口工程建设中，对降低工程造价、保障施工安全发挥重要作用，为实现绿色建港的目标提供基础条件，也为提升我国沿海深水港口的建设水平和防灾减灾能力提供支撑。

5.2.3 未来研究方向

目前已有的混凝土护面块体达上百种，但是随着目前港口向深水化、大型化发展，港口建设所处的海洋环境也越来越恶劣，现有的护面块体也逐渐暴露出很多问题，所以新型护

面块体的研究仍然是一个重要的课题,本书在此对新型消浪护面块体提出以下三点展望:

(1)加强新块体本身结构研究的完善。针对三种新型护面块体,已完成在外部荷载作用下的失稳、消浪机理研究,但对本身结构内部强度合理分布的研究有待完善,因此,下一步可采用有限元分析软件 ANSYS 计算,了解块体内力,防止原型施工起吊过程中块体内部产生应力集中,而导致结构破坏。

(2)加强块体推广应用。目前米字型块体仅应用在大比尺波浪水槽内,另外,TB-CUBE 块体仅仅刚完成试验室模型试验论证工作,新型块体的应用成功与否还有待于经受更多实际应用的考验,因此应积极推广新型块体在工程上的应用,这同时也是对该块体研发研究的继续和深化,使其更具普遍性和应用推广价值。

(3)加快建立块体完整数据库。考虑到工程复杂性,进一步完善新型块体在已建成或在建的港口工程防波堤与护岸上的应用回访和跟踪制度是非常必要的,结合原型观测结果与试验研究成果,建立完整的块体研究与应用的数据库,充分发挥新型块体在保护堤坝稳定和消浪等方面应有的功能,以此节省工程投资,并为工程顺利完成提供保障。

参考文献

[1] 李晓,李俊久."一带一路"与中国地缘政治经济战略的重构[J].中国社会科学院国际研究学部集刊,2017,10(00):45-81.

[2] 曾庆成,吴凯,滕藤.海上丝绸之路港口的空间分布特征研究[J].大连理工大学学报(社会科学版),2016,37(1):25-30.

[3] 王国玉.特种防波堤结构型式及水动力特性研究[D].大连:大连理工大学,2005.

[4] J.D.METTAM.悉尼斯港破坏事故的教训[C]//第17届国际海岸工程会议论文集,1981.

[5] 蒋玉明.扭工字型块体研究探讨[J].港口工程,1993(3):21-30.

[6] 杨志雄.防波堤护面扭王字块定点安放工艺[J].水运工程,2002,6(6):79-80.

[7] 白银战.港口工程中扭王字块应用标准的比较[J].水运工程,2005,11(11):36-39.

[8] 张慈珩,陈汉宝,耿宝磊.STEM波作用下斜坡式结构护面块体稳定性的物理模型研究[J].水道港口,2013,34(6):488-492.

[9] 王美茹.深水防波堤设计方法初探[J].港工技术,2010,47(3):1-7.

[10] 李炎保.国内外防波堤损坏研究进展评述[J].中国港湾建设,2004,12(6):53-56.

[11] Bakker P, Pol B, Rood J, et al. Rehabilitation of the old Cube Breakwater of Port of Poti Georgia with Xbloc Armour Units[J]. Coastal Engineering, 2010, 59(8): 67-71.

[12] Chen H B. Experiment on the 3-D Hydraulic Model Test in Donghae Port Project in Republic of Korea[R]. Tianjin: Tianjin Research Institute of Water Transport Engineering, 2016.

[13] Vicinanza D, Norgaard J H, Contestabile P, etc. Wave loading acting on Overtopping Breakwater for Energy Conversion[J]. Journal of Coastal Research, 2016, 118(3): 1696-1674.

[14] 杨运泽.混凝土异形护面块体的现状及展望[J].港工技术,1996(2):24-33.

[15] Chen H B, Liu H Y. Hydraulic Model Experiment for Construction Project for South Breakwater (Section 2-2) at the Ulsan New Port[R]. Tianjin: Tianjin Research Institute of Water Transport Engineering, 2017.

[16] 纪立强,纪君娜,刘臻.胜利油田海堤工程护面块体选型[J].水运工程,2011(10):160-162.

[17] 王振理.扭工字块体不同摆放形式对斜坡堤稳定性影响的研究[J].中国港湾建设,

1987(5):20-28.

[18] 朴正,马小舟,董国海.斜坡式防波堤人工护面块体稳定重量计算公式研究[J].中国港湾建设,2013(3):6-10.

[19] 中华人民共和国交通运输部.防波堤设计与施工规范:JTS 154-1-2011[S].北京:人民交通出版社,2012.

[20] 杨会利,许磊磊,陈汉宝.涌浪对防波堤稳定性影响的试验研究[J].水运工程,2016(4):78-82.

[21] 郭国林.海堤加固中的钢筋混凝土栅栏板消浪机理及应用[J].水利科技,2007(4):51-52.

[22] 程光华.混凝土栅栏板护面结构在标准海塘工程中的应用[J].浙江水利科技,2002(6):52-53.

[23] 杨红超.栅栏板表层混凝土脱落的原因及处理[J].水运工程,2003(1):56-57.

[24] 孙洪彦,王少琴,潘敬柳,等.混凝土栅栏板在防潮堤除险加固中的应用[J].山东水利,2002(11):33.

[25] 杨运泽.混凝土异形护面块体的现状及展望(续)[J].港工技术,1996(3):28-47.

[26] 陈国平,严士常,周雅,等.不同摆放方式扭王字块体稳定性研究[J].水道港口,2016,37(5):479-480.

[27] 钟雄华,陈国平,严士常,等.不同摆放方式扭王字块体稳定性研究[J].水道港口,2016,37(5):479-483.

[28] 刘康利,牛桂莲.扭王字块预制及安装质量控制措施[J].珠江水运,2018(4):56-57.

[29] 陈汉宝,戈龙仔,王美茹,等.双联块体稳定性试验研究及参数测定[J].水运工程,2013(6):20-23.

[30] 王美茹,谢善文,郭科,等.新型消浪块体的开发与研究[A]//中国土木工程学会.土木工程与高新技术——中国土木工程学会第十届年会论文集[C].北京:中国土木工程出版社,2002:5.

[31] 戈龙仔,高峰.新型消浪块体在防波堤断面上坡度确定的试验研究[J].水道港口,2015,36(6):486-489.

[32] Pieter B, Ronald H. Development of concrete breakwater armour units[J]. Coastal Engineering, 2003, 34(3):16-22.

[33] CUR. Breakwaters strength of concrete armor units[S]. Gouda: Dutch centre for civil engineering research and codes, 1990.

[34] US Army corps of Engineers. Shore Protection Manual: SPM 1984[S]. USA: US Army corps of Engineers, 1984.

[35] 朴正,马小舟,董国海.斜坡式建筑物上异形人工护面块体的发展及应用[J].中国水运(下半月),2013,13(7):479-483.

[36] 廖其威,翁日添.四脚空心方块在港口工程防波堤的应用与施工[J].华南港工,2002(4):12-15.

[37] 张洪友,杨柳.印度尼西亚公主港防波堤四脚空心方块安装施工技术[J].中国水运(下半月),2014,14(9):310-311.

[38] 沙守金,唐如蜜.四脚空心方块安装施工技术[J].珠江水运,2016(9):68-69.

[39] 薛瑞龙,王福强,王玉平.海外常用护面块体选型及设计[J].中国港湾建设,2014(12):42-46.

[40] 交通部天津水运工程科学研究所.螺母块体的试验研究与应用[R].天津:交通部天津水运工程科学研究所,1988.

[41] 交通部天津水运工程科学研究所.新型深水防波堤结构型式与消浪块体稳定性研究专题三报告[R].天津:交通部天津水运工程科学研究所,2015.

[42] 交通部天津水运工程科学研究所.印度尼西亚S2P电厂防波堤紧急修复工程波浪断面物理模型试验研究报告[R].天津:交通部天津水运工程科学研究所,2010.

[43] 交通部天津水运工程科学研究所.印度尼西亚KARANG TARAJE PORT工程防波堤堤头三维稳定波浪模型试验研究[R].天津:交通部天津水运工程科学研究所,2014.

[44] Tzang S Y, Hsiao S S. A case study on typhoon-induced consecutive damages on coastal structures at Keelung coast[J]. Coastal Structures, 2000, 32(116): 1017-1025.

[45] 王磊.东营海区防潮工程护面块体选型研究[D].青岛:中国海洋大学,2010.

[46] Ivano Melito, Jeffrey A Melby. Wave run up transmission and reflection for structures armored with Core-Loc[J]. Coastal Engineering, 2002, 45(1): 46-48.

[47] 薛瑞龙,宋建东.巴基斯坦集装箱深水港防波堤工程Core-Loc块体预制的质量控制[J].中国港湾建设,2012(1):39-41.

[48] 魏建雄,薛瑞龙,吕剑,等.新型Core-Loc防护块体的安装施工技术[J].港工技术,2013,50(1):46-48.

[49] Holtzhausen A H, Zwamborn J A. Stability of Accropode and comparison with dolosse[J]. Coastal Engineering, 1991, 15(2): 59-66.

[50] 中华人民共和国水利部.堤防工程设计规范:GB50286-1998[S].北京:中国水利水电出版社,1999.

[51] 中华人民共和国交通运输部.港口与航道水文规范:JTS 145-2015[S].北京:人民

交通出版社,2015.

[52] 中华人民共和国交通运输部.防波堤与护岸设计规范:JTS 154-2018[S].北京:人民交通出版社,2018.